Sane Su Cerebro:
Sane Su Cuerpo
Más historias de
La Pandilla Interna

Esly Regina Carvalho, Ph.D.

TraumaClinic Edições

Sane Su Cerebro: Sane Su Cuerpo
Más historias de La Pandilla Interna

Esly Regina Carvalho, Ph.D.

TraumaClinic
Edições

Sane Su Cerebro: Sane Su Cuerpo
Más Historias de la Pandilla Interna

Este libro forma parte de la serie:
Estrategias Clínicas en la Psicoterapia: Volumen 2

© 2015 Esly Regina Carvalho, Ph.D.

ISBN-13: 978-1-941727-26-3
ISBN-10: 1-941727-26-3

Portada: Claudio Ferreira
Traducción: Sara Balsalobre Ruiz

TraumaClinic
Edições

TraumaClinic Edições
SEPS 705/905 Ed. Santa Cruz sala 441
70.390-755 Brasilia, DF Brasil
+ 55 (61) 3443 8447
vendas@traumaclinicedicoes.com.br

Índice

Presentación

Como tantas otras veces, este libro también nació de las experiencias y aprendizajes con mis pacientes. Recién finalizada mi formación, atendí a una chica que tenía un problema congénito en el corazón. Ella necesitaba una cirugía a corazón abierto – con todos sus riesgos – para resolver el problema. Rosa Santa decidió realizar la intervención porque había agotado las alternativas. Entendió que o se operaba o se arriesgaba a morir en algún momento, ya que el riesgo era elevado. Hicimos un trabajo de preparación pre-quirúrgico, nos despedimos emocionadas, y Rosa Santa se marchó al extranjero que era donde se practicaban este tipo de operaciones.

Meses después, ella me buscó. La cirugía había sido un éxito total, pero ahora Rosa Santa tenía ¡miedo de morir! ¿Justo ahora cuando ella no tenía *ningún* riesgo físico…? Me quedé perpleja. Pasamos varios meses trabajando juntas, hasta que finalmente el miedo desapareció. Poco a poco yo lo entendí. El cuerpo de Rosa Santa comenzó a "percatarse" del riesgo real e inminente de la muerte *después* de que fuera operada. Antes de la operación, su cerebro racional apenas percibía la importancia de la intervención. Después de la cirugía, su cuerpo "entendió" lo que podría haber sucedido. De ahí surgió el miedo a morir. Su cuerpo confirmó lo que antes su mente apenas pensaba.

A partir de ese momento, comencé a entender una cosa simple, básica y obvia: fuimos creados de forma que las cosas de dentro del cuerpo deben quedar dentro del cuerpo, y lo que debe quedar fuera del cuerpo, debe quedar fuera del cuerpo. El cuerpo no está hecho para ser operado o abierto. ¿Es necesario hacerlo? Sí. Pero al cuerpo no le gusta. Cirugías, heridas, lesiones… tienen consecuencias, mucho mayores de lo que se pudiera imaginar.

La propuesta de este libro es demostrar como la terapia EMDR puede generar alivio a cuestiones relacionadas con problemas corporales, enfermedades, procedimientos médicos, cirugías, diagnósticos de riesgo y la convivencia con enfermedades crónicas. Mi esperanza es que estas sugerencias en relación a las estrategias clínicas puedan proporcionar alivio a las personas que sufren.

Este libro ha sido escrito para que cualquier persona pueda leer y entender las historias aquí compartidas. Queremos que un público cada vez mayor pueda conocer el poder de sanación de la terapia EMDR[1]. Los psicoterapeutas formados en terapia EMDR entenderán perfectamente la estructura de las sesiones y espero que puedan aprovechar las ideas a la hora de trabajar con sus propios clientes. Los profesionales que aún no conocen la terapia EMDR podrán buscar los cursos de formación que se ofrecen[2]. También hay sesiones reales de terapia EMDR en youtube[3] para quien quiera tener un mayor conocimiento de cómo funciona una sesión.

En estos relatos demostramos la validez de la aplicación de la terapia EMDR para cuestiones como enfermedades, intervenciones médicas y la resolución de síntomas de enfermedades de origen traumático. Una explicación profunda, sobre las investigaciones de neurobiología más recientes que explican el trauma como la raíz de las enfermedades de origen desconocido, puede ser encontrada en el libro de nuestro ilustre colega, Dr. Uri Bergmann, [4] *Neurobiological Foundations for EMDR Practice*. También hay un estudio con 17 mil participantes sobre como las experiencias adversas en la infancia contribuyen al desarrollo de enfermedades graves en la edad adulta, como comentaremos más adelante.

Los casos presentados son verídicos, pero tuve mucho cuidado a la hora de omitir la información que pudiera identificar a los pacientes. Todos los nombres y datos personales fueron modificados para proteger la identidad de los que compartieron sus historias. La mayoría de estos casos suceden en diferentes lugares. Como muchos ya saben, viví y trabajé en cuatro países y

---

[1] Consulte www.emdriberoamerica.org para una mayor explicación sobre lo que es la terapia EMDR.

[2] Consulte www.emdriberoamerica.org para más información sobre los cursos de formación en terapia EMDR.

[3] Hay dos sesiones de terapia EMDR con la autora en youtube (https://www.youtube.com/user/EMDRBRASIL) así como una conferencia que explica porque se debe tratar el trauma.

[4]*Neurobiological Foundations for EMDR Practice*, Uri Bergmann, Ph.D., disponible por Amazon.

traté pacientes en otros muchos. Siempre escogí nombres diferentes para los casos, pero es imposible evitar nombres comunes. En ningún caso fue utilizado el nombre real del paciente. Mis clientes (pasado y presente) pueden estar seguros de que si encuentran un caso con un nombre parecido al suyo, este no corresponde a la persona descrita en el caso. Cualquier similitud entre los nombres de mis clientes y los citados en los casos es mera coincidencia. La única excepción se da en el caso de Silvia que ofreció su testimonio y prefirió que se utilizasen sus datos reales.

Como muchos relatos fueron recogidos en el momento de la sesión, el lenguaje original del paciente ha sido mantenido, con todas las características del lenguaje coloquial. Pedí a la revisora del texto que no corrigiese la gramática en estos casos para que el lector pudiera "oír la voz" real del paciente.

Finalmente, la esencia de las historias fue mantenida con la finalidad de ilustrar lo que esta nueva terapia de reprocesamiento puede hacer en la vida de las personas. Infelizmente, la emoción y las expresiones físicas de los pacientes se pierden en la escritura, pero igualmente tenemos la esperanza de que los lectores puedan hacerse una idea de cómo se desarrolla una sesión, así como de la rapidez e impacto de la terapia EMDR

.

¿Qué es la Terapia EMDR?[5]

La terapia EMDR – Eye Movement Desensitization and Reprocessing, sus siglas en ingles, *(Desensibilización y Reproceso por el Movimiento de los Ojos)* fue descubierta por la Dra. Francine Shapiro en 1987 en Estados Unidos. Desde entonces, más de cien mil terapeutas han sido formados mundialmente en este abordaje que hoy representa un cambio de paradigma en psicoterapia. Solo en Brasil hay más de mil quinientos terapeutas formados.

Entendiendo que los traumas y recuerdos dolorosos son almacenados de forma maladaptativa en las redes neuronales, la terapia EMDR es capaz de reprocesar los miedos, fobias, terrores y ansiedades vinculados a los recuerdos traumáticos que mantienen a sus víctimas presas de los fantasmas del pasado, a través de la integración de la información que se encuentra disociada entre los dos hemisferios cerebrales. De forma acelerada y adaptativa, la terapia EMDR "imita" en cierta forma lo que les sucede a las personas en una etapa del sueño. El movimiento ocular rápido (sueño REM – Rapid Eye Movement – Movimiento Ocular Rápido, característico de lo que sucede al soñar) está presente en el cerebro mientras que se procesa la información diaria y se archiva adaptativamente el pasado.

Por alguna razón que todavía no comprendemos totalmente, en determinadas situaciones las personas no consiguen realizar ese procesamiento de forma normal y saludable. Posiblemente de ahí provienen las pesadillas, sobresaltos, pensamientos intrusivos y obsesivos, ataques de pánico y en casos más graves Trastorno de Estrés Postraumático (TEPT) y sus consecuencias. En casos excepcionales se puede llegar a los Trastornos Disociativos de Identidad con historias de traumas crónicos, repetitivos y constantes, que suceden especialmente en la infancia.

Para aplicar la terapia EMDR el psicoterapeuta debe formarse en los cursos acreditados donde le enseñaran la teoría y

---

[5] Esa explicación de la terapia EMDR se encuentra en otro libro de la autora, *Sanando la Pandilla que Vive Adentro.*

la práctica de cómo manejar las ocho fases que forman la estructura del tratamiento.

En la primera fase, el paciente comparte su historia clínica y el terapeuta identifica los traumas y recuerdos dolorosos del paciente que serán los objetivos del tratamiento en futuras sesiones (plan de tratamiento).

En la segunda fase, se instalan recursos positivos para ayudar al paciente a enfrentar momentos difíciles dentro y fuera de la sesión, y se prueban las diferentes estimulaciones bilaterales (visuales, auditivas y táctiles). Se instruye al paciente en relación al procesamiento que ocurre durante la terapia EMDR.

En la tercera fase, "se abre" el archivo cerebral para ser trabajado a través de recuperar las imágines, creencias, emociones y sensaciones vinculadas al recuerdo en cuestión.

También se toman medidas en dos escalas diferentes. La primera es la escala SUDS *(Subjetive Units of Disturbance Scale)*, una escala que mide el nivel de perturbación del paciente. Preguntamos al paciente, "En una escala de cero a diez, donde cero es ninguna perturbación o neutral y diez es la perturbación más alta que usted pueda imaginar, ¿cuánta perturbación siente ahora cuando piensa en aquella experiencia?". Esto nos permite ir viendo el nivel de resolución (o no) de la experiencia, mientras que vamos aplicando los movimientos bilaterales. También nos permite obtener evaluaciones estadísticas. Esta escala fue desarrollada originalmente por Joseph Wolpe que trabajó durante muchos años con la desensibilización, siendo esa escala un medio que él desarrolló para permitir la evaluación estadística de las experiencias subjetivas. También se pide al paciente que imagine una situación ideal o resolutiva, y se le pregunta: "En una escala de uno a siete, donde siete es completamente verdadero y uno es completamente falso, ¿cuánto de creíbles siente que son estas palabras positivas acerca de usted ahora?" Esta es la escala *likert* que Francine Shapiro desarrolló con el fin de medir y monitorizar la resolución deseada para el problema en cuestión.

Es preciso resaltar que con estas medidas, Shapiro creó un protocolo que le permitió el estudio estadístico de su nuevo abordaje, que ha dado lugar a la publicación de más de 200 estudios científicos con metodología clínica rigurosa y una revista específicamente dedicada al estudio de EMDR *(Journal of EMDR*

Practice and Research[6]). La Organización Mundial de la Salud (OMS) ha aprobado la terapia EMDR como una de las dos psicoterapias efectivas en el tratamiento del estrés postraumático. Cuenta con el sello del *National Registry of Evidence-based Programs and Practices (NREPP)* del gobierno de Estados Unidos.[7] Actualmente la evidencia científica de la eficacia de EMDR es innegable[8].

En la cuarta fase, el terapeuta aplica los estímulos bilaterales que dan la "señal" al cerebro para que pueda desarrollar el reprocesamiento que dará lugar a la desensibilización del recuerdo doloroso o traumático.

Una de las cosas que ocurre normalmente en el reprocesamiento es el surgimiento de emociones o abreacciones. Se entiende que un recuerdo fue archivado con una emoción, una sensación, una imagen, y los pensamientos originales de una determinada experiencia, por lo tanto, no es de extrañar que cuando abrimos este archivo cerebral, el recuerdo venga con todo el impacto emocional de la experiencia original. Esto es normal. Al abrirse el archivo salen todos los "sapos y culebras", y los fantasmas que estuvieran habitando en esa cueva del recuerdo. Cuando esto ocurre, no significa que la persona está siendo retraumatizada, sino más bien que la carga negativa vinculada al recuerdo está siendo liberada, reprocesada y transformada en un contenido adaptativo y funcional. El pasado se está convirtiendo en pasado y dejando de vivir en el presente de la persona, a través de la transformación neuroquímica que se da en el reprocesamiento.

Por otro lado, hay que tener en cuenta que abreacciones excesivas pueden impedir el reprocesamiento. Cada parte o rol traumatizado es un aspecto congelado y disociado. Cuando alguien conecta con este recuerdo, se dispara todo lo que fue congelado, almacenado y vivido en esa situación, el contenido de esa parte. Por eso decimos que la experiencia es dependiente del recuerdo. Cuando me asomo a este lugar aparece todo lo que fue vivido y sentido en aquel momento. En general son partes o

---

[6] http://www.springerpub.com/product/19333196
[7] http://nrepp.samhsa.gov/ViewIntervention.aspx?id=199
[8] Consulte la lista de investigaciones disponibles en la página web: www.emdriberoamerica.org o www.emdr-es.org

funciones más infantiles, pero también pueden ser acontecimientos de la edad adulta. En general, los adultos cuando eran niños, no tenían los recursos emocionales necesarios para hacer frente a lo que estaba sucediendo. Los circuitos, entonces, se vieron desbordados y la disociación fue la defensa que se encontró para sobrevivir.

Si la abreacción fuese excesiva o la emoción de la experiencia demasiado intensa, la persona puede disociarse y, si esto ocurre, no hay reprocesamiento. El individuo no logra hacer las conexiones cerebrales o neuronales necesarias para reprocesar y llegar hasta una resolución adaptativa porque la emoción es demasiado fuerte y la persona (y su "Pandilla Interna"[9]) se asusta y "escapa" (se vuelve a disociar) de nuevo a sus lugares congelados para "protegerse". A través de la disociación, la persona se refugia en aquellos lugares internos donde se tiene la ilusión de estar protegidos. Pero en estos casos la estrategia de supervivencia se convierte en una prisión de congelación.

Veamos la importancia de tratar esto de una manera cuidadosa. Abreacción no significa que automáticamente hay procesamiento. Hay ciertos abordajes de psicoterapia que creen en la idea de que cuanto más "agoniza" una persona (tiene una catarsis intensa o una abreacción violenta), más está procesando, resolviendo y sanando su dificultad. Esto no es necesariamente cierto. Abreacción no es igual a sanación. Esto forma parte del paradigma que cree que la persona tiene que sufrir para sanarse. No. Pero no hay duda de que es frecuente una abreacción significativa cuando el reprocesamiento se produce debido al hecho de volver a entrar en contacto con una experiencia muy traumática. La abreacción debe ser la consecuencia del procesamiento y no la meta final.

En la quinta fase es posible sustituir las creencias negativas y falsas acerca de lo que se vivió, por creencias positivas que conduzcan al paciente a encontrar percepciones adaptativas sobre aquello que había sido archivado de un modo maladaptativo y a menudo patológico.

---

[9] Este es otro libro de la autora, _Sanando la Pandilla que Vive Adentro_. Disponible en Amazon.

En la sexta fase se comprueba la existencia (o no) de perturbaciones corporales, y la sesión termina en la séptima fase con instrucciones específicas acerca de lo que se debe esperar entre cada sesión.

En la octava fase el paciente vuelve, se hace una revaluación de los resultados y se continúa con la línea del tratamiento: un nuevo objetivo de tratamiento si el anterior ya se resolvió satisfactoriamente, o una elaboración más profunda y completa del objetivo inicial.

Una vez que se tiene la historia completa del paciente, podemos establecer un plan de tratamiento, identificando los objetivos de la terapia EMDR, que suele ser bastante directiva en relación al desarrollo de los objetivos a alcanzar. Si una persona tiene miedo a montar en avión porque tuvo una mala experiencia con turbulencias, entonces se ajustará el protocolo en función de ese recuerdo. Si hubo situaciones difíciles en relación a los procedimientos médicos, éstos serán objeto de tratamiento. Situaciones de abuso infantil son tratadas de un modo ejemplar con terapia EMDR. Se realizará un cronograma (flexible) de experiencias para ser trabajadas, y se van procesando una por una, hasta que cada experiencia sea procesada. Una de las cosas interesantes que suele ocurrir es que a medida que el proceso continúa después de la sesión, sobre todo durante el sueño, muchas situaciones se van resolviendo espontáneamente. Algunas personas relatan que los beneficios terapéuticos continúan meses después de haber completado la terapia EMDR.

¿Qué es lo que hace que el EMDR sea percibido como un cambio de paradigma? En primer lugar, no es necesario hablar para sanar. Durante 120 años se creyó y se enseñó que el paciente debe hablar y hablar de sus dificultades como una forma de "desahogar" sus problemas, y que esto le ayudaría a resolver sus dificultades (el *talking cure*", que describió Breuer). Pero con la terapia EMDR, el habla puede ser mínima durante el período de reprocesamiento cerebral, lo que permite que el paciente pueda trabajar sus recuerdos de manera privada. Teniendo en cuenta que muchos traumas son de carácter sexual o humillante, el hecho de no tener que entrar en detalles descriptivos a menudo permite al paciente hacer frente al recuerdo sin tanta vergüenza.

En segundo lugar, el problema se resuelve a través de la integración de la información neuronal inicialmente disociada en los hemisferios cerebrales. Es común que el recuerdo doloroso este archivado en el hemisferio derecho y sabemos que el lenguaje (área de Broca), que permite la atribución de sentido al suceso, está en el hemisferio izquierdo. El recuerdo está desvinculado de aquello que permitiría al paciente describir en palabras lo que le sucedió. *"No tengo palabras para explicar lo que me sucedió"* es una frase común entre las personas traumatizadas porque literalmente no las tienen. O la memoria está desconectada del sistema límbico y el paciente vive en un continuo estado de ansiedad y de peligro sin saber por qué, y sin ser capaz de explicar a su cerebro que el peligro ya pasó. Esto se puede ver a través de escáneres cerebrales sofisticados como las tomografías PET *scans*, SPECT *scans* o resonancias magnéticas funcionales - fMRI. El EMDR integra esta información y permite dar un sentido a lo ocurrido y calmar un sistema límbico aturdido.

Para poder procesar con eficacia es necesario que la persona se sienta segura y protegida. Gran parte de esta seguridad proviene de la relación terapéutica. Si no hay confianza en la persona que acompaña al cliente en esta peregrinación terapéutica - que a veces tiene pasajes aterradores - uno no se entrega al proceso de sanación. Después de todo, hay una Pandilla Interna allí dentro de la que somos responsables y tenemos que proteger. Si alguna de las partes internas (alguien de la Pandilla Interna) no se siente cómoda, segura y protegida, o se asusta, o no está de acuerdo en seguir adelante, puede darse un bloqueo. El reprocesamiento se puede interrumpir.

Es por eso que siempre enfatizamos: que lo que sana... es el amor. Tal vez suene extraño hablar de ello en un libro sobre psicoterapia, pero es el amor, es el afecto el que da la seguridad a las personas para que desarrollen el coraje de embarcarse en la nave de la sanación y soportar el viaje hasta el final. Es la seguridad de la aceptación incondicional del paciente por parte del terapeuta lo que da el valor a las personas para hacer este viaje dentro de sí mismos. Conocer las heridas de los traumas de la infancia permite que sean curadas por las nuevas herramientas psicoterapéuticas. Sin amor, nadie crea el valor para este viaje.

Una de las mejores cosas que escuchamos de nuestros pacientes al terminar un reprocesamiento es... "Se acabó. Ahora está lejos. Está en el pasado".

Y cuando vuelven a las siguientes sesiones dicen cosas como estas:

- "Recuerdo, pero ya no me perturba".
- "No puedo recordar como era antes".
- "Se quedó borrosa. Perdí la nitidez del recuerdo".
- "¿Es normal sentir tanto alivio en tan poco tiempo?"
- "A veces me dicen o me hacen cosas que no me gustan y ya no me importa. Ya no es tan grave como antes".
- "Estoy durmiendo bien por primera vez en muchos años..."
- "No pensé más en este asunto. Ni me vino a la mente".
- "Es tan divertido esto de la terapia EMDR... es como si nunca hubiera existido esa experiencia. Parece que la terapia EMDR te pone en un lugar donde el problema nunca existió. Es como si yo antes viera todo desordenado en una habitación y ahora ya no lo está. ¡Ahora todo está ordenado y no consigo imaginar cómo era cuando estaba desordenado…!"

- "¡Este EMDR es mágico...!"

Entendiendo el Dolor

Hay muchos factores que contribuyen tanto para el dolor físico como para el dolor emocional. No es el propósito de este libro ofrecer una larga explicación sobre un tema que merece libros enteros. Pero hay algunos aspectos básicos que deben tenerse en cuenta cuando se tratan pacientes con dolor de ambos tipos: físico y emocional.

Es imprescindible una evaluación médica, preferiblemente por un especialista. Cada vez hay más clínicas especializadas en el tratamiento del dolor físico. Los psicólogos por lo general no están preparados para conocer en profundidad los aspectos médicos relacionados con el dolor. Por otro lado, los médicos generalmente no tienen la formación psicológica para comprender las causas emocionales del dolor físico, especialmente las procedentes del trauma infantil.

Actualmente contamos con una nueva forma de entender las consecuencias y secuelas de eventos traumáticos en la vida de las personas que sufren dolor físico. Se estima que entre el 20-35% de las personas que sobreviven a un acontecimiento traumático desarrollan un cuadro de Trastorno de Estrés Postraumático (TEPT)[10]. Maginn (2013) afirma que las personas que sufren dolor (físico) crónico tienen síntomas muy similares a las personas con TEPT: ansiedad, depresión, ira, flashbacks en relación a los procedimientos médicos que han sufrido. Es común desarrollar una adicción a los medicamentos recetados para aliviar el dolor, lo que hace que el "hechizo se vuelva contra el hechicero". Los familiares se preguntan cómo ayudar a una persona que se está convirtiendo poco a poco en otra, debido a las consecuencias del dolor crónico, de origen físico y/o emocional.

Los Institutos Nacionales de Salud (NIH) de Estados Unidos estiman que hay más de 5 millones de personas diagnosticadas de

---

[10] *Living with Pain: PTSD and Chronic Pain*, de Mark Maginn, consultado el día 11 de octubre, 2014
http://americannewsreport.com/living-with-pain-ptsd-and-chronic-pain-8817370

fibromialgia[11], un trastorno poco conocido aún, pero caracterizado por dolor profundo en los tejidos, fatiga, dolores de cabeza, depresión e insomnio. Un amigo mío recibió este diagnóstico dos años después de la muerte inesperada y trágica de su hijo pequeño, resultado de un accidente. Me dijo, "los médicos a menudo dicen que la fibromialgia aparece dos años después de un trauma severo. Parece que esto es lo que me pasó después de la muerte de mi hijo. No he conseguido nunca aceptar lo que sucedió".

Según Maginn, estudios anteriores muestran que los pacientes con fibromialgia pueden tener un aumento de la actividad neuronal en la ínsula, una región del cerebro implicada en el procesamiento del dolor y la emoción. De esta manera podemos empezar a entender cómo el dolor - y la emoción - podrían verse afectados por un inadecuado procesamiento a nivel cerebral, una de las bases teóricas fundamentales del funcionamiento de la terapia EMDR.

El Dr. Uri Bergmann (2014) da una explicación detallada, larga y llena de investigación actualizada sobre como los nuevos hallazgos en neurobiología deberían instruir la práctica de la psicoterapia. En un capítulo de su libro, nos ofrece una excelente oportunidad para entender las bases neurobiológicas así como el procesamiento de información, de la organización de la memoria, la conciencia, el desarrollo infantil, más allá de trastornos de la conciencia (procesos disociativos) y la conexión entre trauma y síntomas inexplicables para la medicina. Menciona una lista de enfermedades, tales como artritis reumatoide, lupus, enfermedad de Crohn, y tiroidismo de Hashimoto. Para aquellos que tienen un interés en la base neurobiológica del trauma y su relación con la enfermedad, este libro es de lectura obligatoria.

Uno de los estudios más importantes (y menos conocidos) que fundamenta el origen traumático de diagnósticos físicos es el *Adverse Childhood Experiences Study[12] (Estudio sobre Experiencias*

---

[11] MRI's Could 'Personalize' Pain Care, de Pat Anson. http://americannewsreport.com/mris-could-personalize-pain-care-8820282. Consultado día 11 de octubre, 2014.

[12]http://acestoohigh.com/2012/10/03/the-adverse-childhood-experiences-study-the-largest-most-important-public-health-study-you-

Infantiles Adversas) que duró 25 años, con una muestra de 17 mil participantes. Reveló que las experiencias infantiles adversas son muy comunes en la vida de las personas con enfermedades graves en la edad adulta, y se relacionan con todas las enfermedades crónicas graves y los problemas sociales en Estados Unidos.

Todo comienza con la intriga del Dr. Vicente Felitti por lo que estaba pasando en su clínica de obesidad en 1985. La mitad de las personas que acudían para tratarse dejaban el tratamiento cuando estaban perdiendo peso. ¡Estaban dejando el tratamiento justamente cuando todo iba bien! Él comenzó a revisar las historias clínicas de los participantes y se dio cuenta de que todos nacieron con un peso normal. Observó que no habían aumentado lentamente de peso durante su infancia, sino que habían engordado abruptamente y se habían estabilizado en un peso mayor.

El Dr. Felitti desarrolló una serie de preguntas específicas y entrevistas estructuradas con los participantes que habían abandonado el programa para ver si podía entender lo que estaba sucediendo. En una ocasión él modificó por error una pregunta del cuestionario oficial, y acabó preguntando a una participante cuanto pesaban cuando tuvo su primera actividad sexual. La mujer le contestó: "Diecisiete kilos". Él pensó que ella había entendido mal, y repitió la pregunta, y ella confirmó la respuesta, y agregó: "Yo tenía cuatro años y fue con mi padre". Y se echó a llorar. Fue entonces cuando él se dio cuenta de lo que estaba preguntando.

Felitti pensó que era una locura la respuesta de la mujer, porque en 23 años de práctica médica él había encontrado solo dos casos de incesto. Durante las siguientes semanas, comenzó a descubrir que la mayoría de las personas entrevistadas relataban historias de abuso sexual en la infancia, si la pregunta era hecha de esa manera. Creyendo que había realizado las preguntas de manera inapropiada, le pidió a cinco colegas que diesen continuidad a las entrevistas con los siguientes 100 participantes, y los resultados fueron los mismos. De las 286 personas entrevistadas casi todos reportaron abuso sexual en la infancia.

---

never-heard-of-began-in-an-obesity-clinic Consultado 4/01/2015

Otra participante le ayudó a descubrir otra pieza del misterio. Le contó que en el año después de ser violada ella ganó más de 45 kilos. "Ser gorda es ser invisible, y eso era lo que yo más necesitaba". De repente, empezó a darse cuenta de que estas personas no consideraban su peso como un problema sino como *una solución*.

Comer calmaba su ansiedad, al igual que el alcohol, cigarrillos o drogas. Cuando no comían sentían intolerables niveles de ansiedad. Para estas personas estar gordas era una protección frente a la violación, porque no eran atractivas; frente al acoso en la escuela, porque los chicos no pegaban a un niño gordo, y así sucesivamente.

El Dr. David F. Williamson, epidemiólogo, escuchó al Dr. Felitti en una presentación en el prestigioso congreso anual de la *North American Association for the Study of Obesity*. La mayoría de los colegas aplaudieron educadamente y pensaron que no eran más que tonterías inventadas por los pacientes para explicar sus fracasos en la pérdida de peso. Para el Dr. Williamson fue diferente. Con el tiempo estos dos médicos se unieron al Dr. Robert Anda, y establecieron un estudio en 1995, con Kaiser Permanente, que evaluó a 17.421 personas, según diez tipos de experiencias adversas sufridas en la infancia.

Los resultados fueron impactantes. No sólo se vio el vínculo entre el trauma y enfermedad, además se dieron cuenta del impacto de más de un trauma en la vida de las personas. Cuanto mayor es el número de experiencias adversas en la infancia, mayor es el riesgo de enfermar en el futuro.

En primer lugar, descubrieron que existe una relación directa entre el trauma infantil y la aparición de enfermedades crónicas en la edad adulta, estar en prisión, y problemas en el trabajo, como repetidas ausencias o faltas en el trabajo (*absentismo*).

En segundo lugar, encontraron que dos tercios de los adultos del estudio habían sufrido diferentes tipos de traumas. Por ejemplo, alguien que tenía un padre alcohólico también había sufrido abusos verbales y físicos. Los traumas no se daban de forma aislada.

El tercer descubrimiento fue la relación entre el elevado número de experiencias adversas en la infancia y el mayor riesgo de estas personas a la hora de desarrollar problemas médicos, mentales y sociales como adultos. Cuantas más experiencias adversas en la infancia, mayor es la probabilidad de que el individuo desarrolle una enfermedad grave en la edad adulta.

Este equipo desarrolló la escala ACE (Adverse Childhood Experiences - Experiencias Infantiles Adversas) para medir la cantidad de experiencias traumáticas en la infancia, hoy validada en Estados Unidos y utilizada para evaluar los riesgos y pronósticos. También se ha validado en Portugal[13]:

Las experiencias adversas en la infancia se han descrito en la literatura como uno de los principales factores de riesgo de problemas psicosociales en la edad adulta. Este hecho aumenta la importancia de la existencia de herramientas para evaluar la ocurrencia de estas experiencias. O Family ACE Questionnaire (Fellitti & Anda, 1998) es un cuestionario de auto-informe para adultos que pretende evaluar 10 experiencias adversas que se producen en la infancia: abuso físico, abuso emocional, abuso sexual, exposición a la violencia doméstica, el abuso de sustancias en ambiente familiar, el divorcio o la separación de los padres, el encarcelamiento de un familiar, enfermedad mental o suicidio, negligencia física y negligencia emocional. Cada una de las escalas de adversidad se compone de varios elementos, y estos pueden ser clasificados en una escala dicotómica o de likert. Además de estas categorías es posible calcular la adversidad total, que corresponde a la suma del valor con el que cada sujeto fue clasificado en cada una de las categorías.[14]

Este estudio viene a confirmar lo que muchos psicoterapeutas han encontrado empíricamente: la causa de los síntomas y la enfermedad actual a menudo tiene su origen en el pasado de la persona. Justamente el protocolo de la terapia EMDR está estructurado para conducir al cliente a buscar el primer recuerdo relacionado con el tema que nos ocupa. El origen de los males presentes está en el pasado remoto de los adultos en tratamiento. Un estudio reciente[15] (2015) confirma que las mujeres

---

[13] Silva, Susana & Maia, Ângela. Versión portuguesa de Family ACE Questionnaire (Cuestionario de la Historia de Experiencias Adversas en la Infancia) http://hdl.handle.net/1822/11323 25/01/2015
[14] http://hdl.handle.net/1822/11323 Consultado 25/01/2015

con Trastorno por Estrés Postraumático (TEPT) tienen un riesgo dos veces mayor de desarrollar diabetes en comparación con aquellas sin TEPT. Así se puede entender la importancia de tener una historia del trauma de los pacientes con dolor físico. Puede haber muchas sorpresas sobre qué fue lo que desarrolló el cuadro de dolor.

Finalmente, ya que es muy difícil discernir donde el dolor físico termina y donde comienza el dolor emocional, en muchos casos, es necesario tratar ambos simultáneamente. Sabemos que un alto nivel de dolor físico termina con la calidad de vida de una persona y genera nuevos problemas. Incluso si no podemos resolver del todo la cuestión del dolor, reducir el nivel de dolor a un nivel tolerable conlleva siempre importantes beneficios para el cliente en términos de calidad de vida. Instalar recursos positivos que permitan al paciente afrontar mejor las enfermedades terminales, ayuda a fortalecer su capacidad de resistencia, y le da la sensación de tener más control sobre su situación - a menudo experimentada como algo de gran impotencia-. Percibir el tratamiento como su aliado, dota de esperanza a la persona. Genera la percepción de un mayor control de la situación por parte del paciente, así como la posibilidad de ampliar su "esperanza de vida" a veces de forma sorprendente. Esto se traduce en una mejor calidad de vida con menos dolor y una mayor dignidad.

Creemos que la terapia EMDR tiene mucho que aportar a la hora de aliviar el sufrimiento de la depresión, ansiedad, miedos y fobias, vinculados a procedimientos médicos, al dolor físico, a las consecuencias del dolor crónico, o a enfermedades graves y/o terminales. Los casos presentados en este libro, así como el manejo clínico implementado ofrecen más posibilidades de tratamiento para las diversas situaciones que encontramos normalmente en la consulta. No pretendemos agotar el tema, sino compartir formas creativas de trabajar que han dado buenos resultados.

---

[15] TEPT dobla riesgo de diabetes en mujeres.
http://www.sciencedaily.com/releases/2015/01/150107122906.htm
Consultado 8/01/2015

Propuestas y estrategias de manejo clínico: Protocolo clásico de la terapia EMDR

En este capítulo, a través de la narración de casos, vamos a ilustrar como el protocolo clásico de la terapia EMDR puede ayudar a resolver problemas de dolor físico. A veces se resuelven por completo, como en el caso de Silvia. En otras ocasiones contribuye a una resolución adjunta, como fue el caso de Alesandro. No soluciona, pero ayuda.

Es sorprendente ver cuánto dolor tiene un origen traumático. Ana, una joven adolescente, sufría fuertes dolores de cabeza, pero nunca había hecho la conexión entre la difícil experiencia de sus entrenamientos de baloncesto y su dolor. Miranda recuperó su independencia después de una cirugía que le agotó por completo. En estos casos, la aplicación tradicional de la terapia EMDR fue suficiente para dar lugar a la resolución del dolor en unas pocas sesiones. De hecho, ¡algunas situaciones se resolvieron con una sola sesión!

Eventos traumáticos imperceptibles

Silvia ha querido dar su testimonio en este libro relatando su experiencia de curación de una migraña que le incomodaba desde hacía muchos años. Cada vez que ella se sentaba bajo una luz potente, tenía fuertes dolores de cabeza, hasta el punto de que sus familiares le indicaban los lugares donde se podía sentar en restaurantes y lugares públicos. Vean cómo fue la resolución en palabras de la propia Silvia:

"Una vez, me decidí[16] a trabajar una cirugía reciente a la que me sometí, por sugerencia de una amiga. Lo pasé muy mal en un viaje y la consecuencia fue que acabé teniéndome que operar. Pensamos (correctamente) que por menos problemas que la cirugía pueda causar, de un modo general, solo el hecho de pasar por una cirugía, por pequeña que sea, es normal preguntarse si algo se ha podido quedar pendiente, medio "flotante" en el inconsciente, como un trauma congelado.

---

[16] Silvia Malamud es quien relata su caso. Es Psicóloga Clínica, formada en Terapias Breves, Terapeuta Certificada en terapia EMDR por el EMDR Institute y EMDR IBA, y Terapeuta en Brainspotting.

"*Cuando empezó la sesión de EMDR, me preguntó sobre el momento de mayor impacto de la cirugía. Como respuesta inmediata, surge espontáneamente en mi mente la imagen de yo yendo hacia la sala de operaciones. Confieso que hasta ese momento de la sesión estaba activada en esta búsqueda, pero totalmente sin pretensiones, ya que no tenía absolutamente nada en mi vida que perturbara asociado con la cirugía. Tanto la cirugía como el postoperatorio habían transcurrido de un modo tranquilo y sin ninguna complicación.*

"*El protocolo EMDR fue estructurado y varias escenas, sobre el recorrido que hice hasta la sala de operaciones, comenzaron a aparecer en varios ángulos diferentes, hecho que me pareció interesante, porque nunca había pasado por este tipo de experiencia con EMDR. (Es magnífico como nuestro cerebro creativo tiene una inteligencia particular y propia para reprocesar nuestros asuntos). En la secuencia de las escenas y ya con un poco de malestar emocional, reviví el momento en que me pusieron la anestesia y de un flash momentáneo di un salto a una situación en la que volví a vivir una escena sorprendente, que hasta ese momento tenía olvidada. No recordaba que había existido. Me vi despertándome en medio de una cirugía anterior. Reviví la escena como si estuviera sucediendo en ese momento, aunque yo no lo sabía. Abrí los ojos [cuando me desperté durante la cirugía] y lo que recuerdo es que me quedé casi ciega con las luces del quirófano. Estaba completamente despierta y consciente de que la cirugía no había terminado. No sentí ningún dolor, sólo desperté y me encontré con la molestia de las luces que iban directamente hacia mis ojos. Recuerdo haber pasado algunos segundos durante la cirugía mirando aquellas luces e incómoda con la claridad, e incluso llegué a quedar mareada. Todavía medio aturdida dije que estaba despierta. Los médicos y ayudantes de mí alrededor sin duda me escucharon y sin dirigirme una palabra, uno le hizo un comentario a otro para que fuese sedada nuevamente. Después de la cirugía no hubo ningún comentario sobre el incidente y yo tampoco me acordé de nada.*

"*Hasta este punto el reprocesamiento fue como la revelación del evento y ya sin molestia alguna pensé, ¡ok, terminó la sesión, interesante!*" En el chequeo general del protocolo, sin embargo, todavía quedaba un residuo de perturbación. ¡Y allá que fuimos con esto! De repente, empecé a tener síntomas de migraña, esta sensación no es muy frecuente en mí, solo de vez en cuando ocurría. Continué con el proceso y empezaron a surgir escenas y más escenas donde mi dolor de cabeza amenazaba con dispararse. Nunca había relacionado estas cosas, pero el hecho es que después de la intervención quirúrgica cada vez que iba a un restaurante donde había un foco de luz centrándose directamente sobre mi cabeza, pedía que me cambiaran de lugar. ¿La razón? Indicios de dolor de cabeza y sutiles ganas de vomitar. ¡Bingo! Fue el lastre del malestar de haberme despertado durante la cirugía y todo lo que eso significó emocionalmente en mi historia de vida. La luz encima de mi cabeza, más la claridad centrado en mí se asociaban directamente con el evento de la visión perturbadora de la luz de la sala quirófano cuando me desperté antes del final de la misma.

"A partir de este momento, todo el reprocesamiento recorrió lugares de mi psiquismo inimaginablemente liberadores para mí. ¿Resultado? Esto ocurrió hace unos tres años y nunca más he tenido ningún indicio de dolor de cabeza. Además de esto, cuando me pidieron que escribiera este informe, aunque hablamos mucho en el momento de la sorprendente revelación, ya ni siquiera me acordaba de la enorme perturbación que era para mí, por ejemplo, el tener que estar pensando en los restaurantes donde podía sentarme para evitar un potente foco de luz".

Este caso ilustra con especial eficacia como ciertas aflicciones, molestias y el dolor, pueden tener un origen traumático. Despertar en medio de una cirugía es siempre algo complicado. En este caso, el resultado fue una migraña que aparecía cuando alguna situación externa disparaba la memoria somática, independientemente de la memoria consciente que se había "perdido" debido a la anestesia y el postoperatorio. Como dijo Silvia, ella nunca había relacionado el hecho de que los dolores de cabeza comenzaran después de cirugía. Y una vez que recordó el despertar en la cirugía, fue bastante obvio por qué las luces brillantes eran los factores desencadenadores de las migrañas. Tal vez lo más sorprendente fue la resolución del dolor. Silvia nunca más tuvo este tipo de dolor una vez reprocesado el recuerdo de la cirugía.

Ana: dolor de cabeza

Ana tenía apenas 16 años cuando vino a terapia para resolver sus problemas. Para finalizar el proceso terapéutico, ella mencionó que tenía un dolor de cabeza debilitante. Para investigar más a fondo la situación, decidimos trabajar este tema. A continuación presentamos el relato de la sesión.

C (Ana): Hoy estoy bien, pero tengo épocas en las que tengo

muchos dolores de cabeza.

T: ¿Te acuerdas de cuando empezaron?

C: Recuerdo que todo comenzó cuando yo tenía unos 10 o 11 años. Es siempre en el mismo lugar de la cabeza. Me siento como si fuese una vena latiendo. Mi pensamiento es, estoy muerta. Siento dolor, y mucho estrés en la cabeza. Cuando pienso en eso, mi perturbación es alta, un 9 en una escala de cero a diez.

Comenzamos el reprocesamiento a partir de estos datos.

C: El dolor no vino, pero vinieron escenas de dolor. La luz me molesta. Me quedo sentada, me hago un masaje y evito tomar una pastilla. Tarda un poco hasta que se pasa. (EB[17])

T: Si pudiera imaginar un remedio o antídoto para este dolor de cabeza, ¿cómo sería? (MBs).

C: Me imaginé... Ah, una cosa que no había recordado. Cuando tengo frío, me duele la cabeza. En la época de frío, yo tengo el cuerpo caliente incluso en el frío. (MBs).

C: Ahora me vi jugando sin dolor de cabeza.

T: Cuando usted piensa en las palabras, puedo jugar sin dolor, ¿cuán verdadero sientes que son esas palabras en una escala de uno a siete, donde uno es completamente falso y siete es completamente verdadero?

C: Siete.

T: Piensa en ello y siga los movimientos. (MBs).

C: Apareció de la nada... me acabo de acordar de que cuando perdí 12 quilos en dos meses se intensificó el dolor. Hice dieta.

T: Piense en ello. (MBs)

C: Mejoró la sensación de que voy a tener dolor de cabeza para siempre.

T: Ahora cuando piensa en esas palabras, yo puedo vivir sin dolor, ¿cuán verdadero siente que son ahora, en una escala de uno a siete?

C: Seis.

T: Fijase en eso. (MBs).

C: Tengo un problema de vista y necesito anteojos. (MBs) Necesito encontrar la raíz del dolor de cabeza. (MBs).

---

[17] (MBs) = Movimientos Bilaterales, característico de la terapia EMDR. Pueden ser visuales, auditivos o tactiles.

C: Me acordé... Yo estaba entrando en el quinto año y nunca había tenido que recuperar ninguna asignatura. Pero me pasó esto con el inglés. Estaba asustadísima y continué en recuperación. Hasta hoy esto me pasa ya que en esta escuela es fácil que se tenga que recuperar asignaturas. Pero yo las recuperaba. (MBs).

T: ¿Quieres que curemos el susto? ¿Parece que tenías miedo a ser reprobada en este momento en que surgió el dolor de cabeza? (MBs)

C: En secundaria fue mejor que en primaria, el miedo que tenía. En los exámenes no conseguía relacionar la pregunta con la respuesta. (MBs). Le expliqué eso a ella, a la niña de 10 años. Hasta el cuarto curso... ellos no nos preparan para el cuarto curso. Ahora soy una alumna destacada. Le dije a la niña de 10 años, que era error de la escuela no preparar a la gente. Ella lo entendió, estaba molesta, pero entendió que más adelante estaría preparada.

T: Entonces, ¿ya no es necesario que te duela la cabeza, al menos por esta razón? (MBs).

C: No.

T: Entonces le vamos a decir a esa niña de 10 años que se asustó tanto, que no necesita tener dolor de cabeza. (MBs)

C: ¡Solo necesita estudiar!

T: En una escala de uno a siete, cuando usted piensa en el dolor de cabeza, y las palabras, puedo vivir sin dolor, ¿cómo está esto?

C: Siete.

T: ¿Y qué vas a hacer cuando este dolor de cabeza quiera aparecer de nuevo?

C: Voy a tomar mi medicación. Me imaginé teniendo dolor de cabeza en la semana de exámenes. Cerré los ojos y pensé, calma, respire, tome agua, y vuelva a estudiar... y mejoró. Tengo una medicina propia. Muy eficaz.

A: Pensando ahora en el incidente original, en una escala de cero a diez ¿cuánta perturbación siente ahora?

C: Cero.

C: Yo puedo usar mi medicina cuando sea necesario. Fue muy interesante todo esto. Ahora se acabó. Estoy sin marcas, nada de nada. Se acabó.

T: Y ahora, cuando usted piensa en el recuerdo, y hace un escaneo de su cuerpo, ¿tiene alguna sensación física, perturbación o tensión?

C: No.

T: Entonces vamos a dejarlo aquí hoy. El procesamiento puede continuar después de la sesión, como usted ya sabe. Cualquier cosa, me puede llamar, ¿de acuerdo?

Comentarios finales:

Ana ya estaba familiarizada con mi forma de trabajar con la Pandilla Interna[18], denominación creativa que desarrollé para explicar la teoría de roles de una forma simple. Todos tenemos roles internos mal sanados que se comportan de un modo más infantil, dependiendo de la edad en que el acontecimiento difícil/traumático sucedió. En este caso, Ana ya sabía que necesitaba ayudar a esa niña de 10 años que quedó asustada, y su parte (más) adulta "entró en escena" y le explicó algunas cosas. Tal vez esta es una de las formas más eficientes de realizar la reparación con situaciones y personas del pasado que afectaron a los roles de la infancia y la adolescencia.

Haciendo un seguimiento varios años más tarde, Ana dijo que las crisis de dolor de cabeza han mejorado mucho. Aparecen cuando se estresa, pero respirando y tomando su medicación pasan pronto; en fin, actitudes de adulta.

Guadalupe: luchando contra el cáncer

Guadalupe había tenido una serie de enfermedades graves antes de venir a la terapia. Se quejó de las muchas dificultades a las que se había enfrentado con la familia de su marido, con su propia madre que vivía con ella para ayudarla a criar a sus hijos, ahora adolescentes, debido a sus limitaciones físicas. Pasamos muchas sesiones trabajando su amargura y resentimiento, y poco a poco Guadalupe mejoraba.

Un día, ella llegó muy asustada y nerviosa a la sesión. Cuando le pregunté, me dijo:

"Como usted sabe, yo tuve un cáncer de ovario hace 2-3 años. Los médicos me operaron pensando que era un nódulo benigno y en el momento de la operación descubrieron que era cáncer. Siempre hago mis

---

[18] Puede ver en detalle en el libro de la autora, *Sanando la Pandilla que Vive Adentro*, disponible en Amazon (impreso y e-book).

controles médicos de seguimiento. El médico en la última visita me dijo que si mis marcadores seguían aumentando voy a tener que ¡hacer nuevamente la quimioterapia! ¡No sé si tengo más miedo a la enfermedad o la quimioterapia! ¡Estoy aterrorizada! No quiero perder mi pelo, ni sentir todos los efectos secundarios de la quimioterapia otra vez. Yo lo pasé muy mal con todo aquello. ¿Hay algo que podemos hacer?".

Me acordé del libro de Bernie Siegel, *Amor, Medicina Milagrosa*[19], que había leído hace muchos años. Él describe cómo trabaja con sus pacientes de cáncer. Descubrió que alrededor del 5% de ellos no murió como se predijo, o vivían mucho más allá de cualquier expectativa para su enfermedad. En el estudio de estas personas descubrió que ellas realizaban cambios significativos en su vida. Con el tiempo él fue estudiando la relación de los pacientes con los tratamientos. Pidió a sus pacientes que hicieran dibujos de cómo encaraban la quimioterapia, y para aquellos que lo veían como veneno, buscó otros tratamientos alternativos, o, en su ausencia, ayudaba a la persona a tener una percepción más saludable de lo que la quimioterapia podría hacer por ellos. Me acuerdo vívidamente de un paciente que describe el autor que hizo una visualización de su sistema inmunológico, como si se tratara de un "Come-Cocos"[20] que iba "comiendo" sus células cancerosas. Tuvo buen resultado. Decidí hacer una propuesta parecida a Guadalupe.

Le hablé sobre el libro de Siegel y el ejercicio de su paciente y le gustó la idea. Utilizando los característicos movimientos oculares lentos de la terapia EMDR para la instalación de recursos positivos, le pedí a Guadalupe que imaginara su sistema inmunológico como si fueran unos agentes que podrían devorar las células cancerosas de su cuerpo. Ella era muy católica y me comentó después que había sido como si el Espíritu Santo estuviera pasando por su cuerpo, iluminando y mostrando dónde estaban esas células cancerosas. A continuación, los agentes devoradores estaban destruyendo las células malignas y su cuerpo expulsaba los restos.

Unas semanas después de esta sesión, Guadalupe interrumpió la terapia porque su esposo perdió su trabajo, y no

---

[19] **Amor, Medicina Milagrosa**, Siegel, Bernard. Espasa
[20] Videojuego antiguo de Atari®.

pudieron continuar con la terapia.

Un año más tarde, concertamos una sesión. Cuando ella llegó, me di cuenta de que su pelo estaba intacto, sin apariencia de que hubiese recibido quimioterapia. De hecho, Guadalupe comenzó diciéndome que había pasado un momento difícil. Su madre había muerto y el cuidado de su casa y sus dos hijos recayeron sobre ella por completo. Yo estaba muy admirada de verla tan bien, y le pregunté por el estado de sus problemas médicos.

"Ah, todo fue muy bien. Los marcadores comenzaron a bajar y no tuve que hacer la quimioterapia". Yo estaba aún más sorprendida al escuchar esta historia. Cuando le pregunté qué había pasado, me explicó que había hecho el ejercicio del Come-Cocos religiosamente todos los días.

"Antes de levantarme de la cama y antes de acostarme, todos los días, hago el ejercicio que usted me enseñó. Cuando tengo tiempo, aprovecho para hacer el escaneo de mi cuerpo, y destruir cualquier célula cancerosa que pueda aparecer. Con eso, mis marcadores comenzaron a bajar... ¡Y me libré de la quimioterapia! Usted sabe, doctora, que tengo recelo a decir una cosa así, pero creo que estoy curada".

Guadalupe estaba obviamente muy feliz y me alegré mucho por ella. Me dio un poco de miedo su optimismo ya que el cáncer de ovario es a menudo uno de los más agresivos y mortales, aunque poco común entre los diagnósticos de cáncer. Su situación no   era   fácil.

Un año después de este incidente, Guadalupe terminó su proceso terapéutico dejó la terapia. Me mantuve en contacto con el médico que me había indicado Guadalupe y de vez en cuando le preguntaba por ella. Nueve años más tarde, me encontré personalmente con Guadalupe y ella todavía estaba en remisión, ya considerada curada del cáncer que había tenido. Volví a entrar en contacto con el médico para que me informase de la situación de Guadalupe al escribir este libro. Quince años más tarde, ella sigue sin recaídas.

Propuestas y estrategias de manejo clínico:
Protocolo del dibujo aplicado al dolor

Pedir a los clientes que hagan un dibujo de su dolor es muy ilustrativo. Mi primera formación profesional fue en psicodrama, por lo que con bastante frecuencia utilicé dibujos en las sesiones de terapia a lo largo de mi carrera profesional. Pero fue cuando vi a Mark Grant pidiendo dibujos de dolor en una demostración que hizo en Quito, Ecuador (c. 1999) que me di cuenta de la riqueza de la utilización de dibujos en el trabajo con el dolor físico. También sirve como un modo de comparación entre el antes y el después (pre- y pos sesión EMDR). Permite que todos podamos "ver" lo que la persona siente.

Lucía

Lucía me comentó en la sesión que ella siempre tuvo muchos problemas de digestión. Siendo adulta, ella descubrió que tenía varios centímetros de intestino más que otras personas, y esto enlentecía el proceso de la digestión. Todo era más complicado, y ella confesó que tenía miedo de que en algún momento se le pudiera hacer "un nudo en las tripas". Aprovechamos esa expresión de su miedo para hacer un dibujo, y decidimos trabajar en este asunto. Ella hizo el siguiente dibujo:

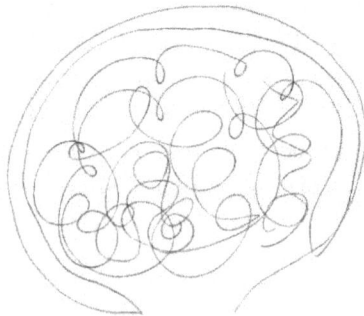

Fuimos estructurando los elementos del protocolo de la terapia EMDR utilizando el dibujo como la imagen, la expresión: "Tengo un nudo en las entrañas", como su creencia negativa, y ella habló de sentimientos de frustración, angustia y hasta rabia en relación a su "defecto de fábrica". Pasamos a la fase de reprocesamiento, y nos sorprendimos cuando ella recuperó un viejo recuerdo:

"¡Mira lo que he recordado! Cuando tenía siete años, un día martes, mi abuela vino a mi casa. ¡Junto con mi madre y mis tías, me agarraron, me sostuvieron la cabeza, los brazos y las piernas, boca abajo sobre la cama, mientras una de ellas me puso un supositorio para ayudarme a ir al baño! ¡Lo tenía completamente olvidado!".

Fuimos reprocesando la escena hasta que ella llegó a un nivel de perturbación cero en relación con el hecho. Le pedí que hiciera un dibujo de como se sentía ahora.

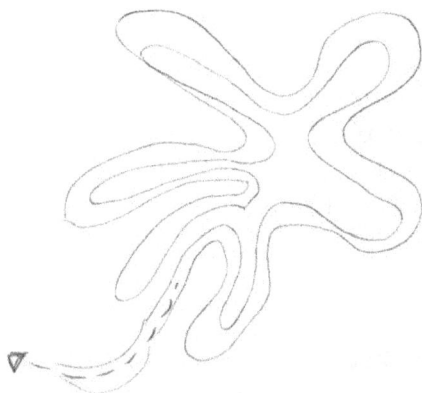

"Ahora tengo la sensación de tener una salida libre, un paso libre para realizar mi digestión. Me siento normal. No me importa tener unos centímetros más de intestino. Así soy yo y está bien ser así".

Vinculamos esta creencia positiva que se le ocurrió al recuerdo original y al nuevo dibujo y nos aseguramos de que no había ninguna perturbación en el cuerpo. Lucía salió muy satisfecha de la sesión, contenta de haber podido trabajar este viejo recuerdo.

En la siguiente sesión, hizo un comentario muy interesante. *"Durante años he tenido una sensación anal de que las cosas entraban cuando deberían estar saliendo. Después del procesamiento de la última sesión, ¡no volví a tener esta sensación! ¡Fue increíble! Se acabó esa sensación desagradable. ¡Ahora realmente me siento normal!"*.

Hay que hacer algunas observaciones importantes sobre el caso de Lucía. En primer lugar, ver cómo los recuerdos traumáticos son guardados con lujo detalle. La cliente se acordaba *hasta del día de la semana que le había sucedido aquello*. En este sentido, la memoria traumática es muy diferente de la memoria normal, ya que el cerebro no tiene que guardar la información ordinaria e innecesaria para la supervivencia. En el recuerdo traumático, la información no procesada funcionalmente resurge con muchos detalles que aparentemente habían sido olvidados.

Una de las cosas sorprendentes de esta sesión es el origen traumático de una sensación física. Vemos que esto sucede una y otra vez en los informes de nuestros pacientes cuando se trabajan cuestiones de dolor físico. Esto nos debe alertar de que hay diagnósticos físicos que podrían ser investigados para intentar una mejora significativa con la terapia EMDR. Difícil es saber cuándo el origen puede ser traumático, ya que muchas veces la persona no recuerda el evento que inició el síntoma físico, como hemos visto aquí en el caso de Lucía.

Alesandro

Alesandro había sido diagnosticado con el VIH/SIDA seis años antes de conocernos. Estábamos viendo la posibilidad de fortalecer su sistema inmunológico con la terapia EMDR para que pudiera evitar pasar por la tri-terapia de medicación ("cóctel") que ayuda a combatir los efectos de la enfermedad, pero que trae sus propios efectos secundarios. Alesandro quería retrasar lo máximo posible el uso del cóctel, y el médico estaba de acuerdo porque su carga viral era baja. Pero debido a una serie de crisis en su vida, su recuento de CD4 (que indica la capacidad del sistema inmune para responder apropiadamente a los virus) había disminuido significativamente. Ahora estaba en 250 y la médica le advirtió que cuando llegara a 200 tendría que tomar la medicación.

Alesandro estaba bastante asustado. Recordando el caso de Guadalupe y los buenos resultados que obtuvimos, pensé en la posibilidad de utilizar los dibujos junto con la imaginación creativa con el fin de hacer una instalación de recursos positivos. ¿Tal vez podríamos fortalecer su capacidad innata de combatir el virus?

Pedí a Alesandro que hiciera un dibujo de cómo él se percibía en este momento de su lucha. Él comentó: *"Me siento detonado. Antes conseguía protegerme de los virus, pero ahora incluso mi escudo se encogió. Me están atacando con mayor rapidez de lo que puedo defenderme. Estoy sudando del esfuerzo".*

Como queríamos trabajar herramientas que pudiesen ayudarle a enfrentar su situación, le pedí también que hiciera un dibujo de cómo le gustaría verse en esta pelea.

"Antes me sentía protegido, como si estuviera bajo una cúpula de vidrio. Los virus chocaban contra el vidrio y se partían por la mitad; así tenia cada vez menos virus, al menos en mi forma de pensar. Con eso, yo había logrado evitar que bajase mucho mi CD4. Pero ahora, con tantas

crisis a las que me estoy enfrentando, tengo dificultades de verme como antes".

Alesandro hizo este nuevo dibujo de él bajo la cúpula de vidrio siendo atacado por los virus, pero protegido. Observen al virus en la esquina inferior derecha del dibujo, como se rompen por la mitad al chocar contra la cúpula.

Procesamos rápidamente cómo él se sentía en este momento. A continuación, empezamos a trabajar el segundo dibujo que fue el foco de nuestra sesión, y con unos movimientos lentos, instalamos este recurso positivo para que él pudiera estar bien. La idea era que Alesandro recurriese a esta imagen varias veces al día para dar un mensaje positivo a su cuerpo.

Cuando él sintió que el recurso se estaba fortaleciendo en su interior, le hice otra propuesta. Alesandro era cristiano, y me había comentado que en su iglesia una persona le había profetizado que Jesús iba a purificar su sangre. Es importante respetar y aprovechar todas las creencias (positivas) que el cliente tiene y que le puedan ayudar en su lucha contra la enfermedad.

"Alesandro, usted me había comentado anteriormente que había una persona que le dijo que Jesús podía purificar su sangre. ¿Cómo sería esto? ¿Puede hacer un dibujo de ello?".

"OK. Yo lo veo como si fuera un tipo de transfusión de sangre. Mi sangre sale de mi cuerpo, va al cielo, Jesús limpia y purifica todos los virus, y cuando mi sangre vuelve a mi cuerpo está libre de virus. Así que cada vez tengo menos virus".

Fortalecemos esta imagen positiva, y yo al final de la sesión "prescribí" mi receta, "Alesandro, todos los días, por lo menos tres veces al día, quiero que haga el ejercicio de pensar en estas imágenes positivas: en las que usted está protegido y que su sangre está siendo purificada. Yo no le puedo dar ninguna garantía de que esto vaya a funcionar, pero mal no le hará. Aquí lo importante es la constancia del ejercicio, el acordarse de hacerlo todos los días, muchas veces. Si usted se acuerda, hágalo más a menudo. Vamos a ver qué pasa". Alesandro estuvo de acuerdo y nos despedimos.

Alesandro regresó a su país y estuve un largo tiempo sin noticias de él. Un año más tarde, acudió a mi consulta para trabajar otro tema. Muerta de curiosidad, le pregunté cómo se había desarrollado el trabajo que hicimos, y como era su estado de salud. Alesandro sonrió.

"La semana pasada volví a hacerme mis exámenes. ¡Mi CD4 estaba en 590! ¡Desde que tuve mi diagnóstico nunca había sido tan alto!

¡La médica está impresionada! Me dijo: "¡Yo no sé lo que usted está haciendo, pero siga haciéndolo porque está funcionando! "No tuve que tomar el coctel y mi carga viral se mantiene baja".

"¿A qué atribuye esta mejora?"

"Esly, todos los días durante los primeros tres meses después de que hiciéramos ese ejercicio, "tomé su medicina" religiosamente". Dónde yo estuviese, muchas veces al día, estaba recordando las imágenes positivas. Con el tiempo yo me fui relajando, y lo hacía menos veces, pero al parecer el efecto continuaba. Eso es todo".

Ocho años después de este encuentro, conseguí localizar a Alesandro. Quería saber cómo se encontraba en este momento. Me dijo que cuatro años antes, entró en una crisis importante. *"No logré aguantarla".* Sus defensas bajaron mucho y decidieron, junto con la doctora, que era mejor para él tomar el cóctel de medicación como medida preventiva.

"Comencé con la medicación como una forma de protección once años después del diagnóstico inicial y hasta la fecha no siento nada. Las defensas están muy bien y con la medicación conseguí dejar la carga viral indetectable, ¡lo cual es muy bueno! De esta forma yo no siento nada, ni siquiera los efectos secundarios de la medicación. ¡No tengo ningún dolor! Cuando voy al hospital, mi número de historia clínica es tan viejo que el personal piensa que les doy el número equivocado. No tuve ninguna dificultad a la hora de tomar la medicación. Es bien manejable: una por la mañana y dos por la noche todos los días. No estoy teniendo los efectos secundarios que tanto temía".

Cuando le pregunté si continuaba con los ejercicios de visualización, me comentó:

"Sí, los hago, pero no muy a menudo. Mi tendencia es a hacerlos cuando estoy bien. En cuanto a la enfermedad, no hay nada que me preocupe. Siempre lo mismo. De hecho, mis amigos más cercanos bromean conmigo diciendo ¡que yo no tengo nada!". Y soltó una carcajada.

Quince años después de su diagnóstico inicial, Alesandro se enfrenta de forma envidiable a su enfermedad. Toma su medicación, sigue las instrucciones médicas y vive una vida normal.

Aquí vemos el poder de los recursos positivos. No estamos diciendo que esto tenga el mismo resultado en todas las personas. Sólo tenemos un caso anecdótico para ilustrar la experiencia. Pero los resultados fueron realmente impresionantes e inspiran tentativas de mayor escala. Las personas deben continuar con su medicación y el acompañamiento médico que es crucial en el tratamiento de las enfermedades. Pero esperamos que esto pueda servir como un ejemplo de otro recurso en la lucha contra las enfermedades graves y crónicas, donde el sistema inmunológico juega un papel importante.

Deise: el agujero en la cabeza

Conocí a Deise en su casa, recuperándose de una cirugía delicada. Hacía poco tiempo que ella había descubierto que no era la nariz la que estaba goteando desde hacía varias semanas, sino fluido cerebral que le salía por la nariz, debido a que la estructura ósea que separa el rostro del cerebro se había deteriorado. Los médicos le habían hecho un injerto de hueso que la obligaba a estar acostada durante un tiempo significativo, sin levantar la cabeza, para garantizar el éxito de la cirugía. Una vez más, aprovechamos la oportunidad para instalar recursos corporales que le ayudaran en su plena recuperación.

Deise hizo este dibujo de cómo se percibía a sí misma, y comentó que tenía un "agujero en la cabeza".

Con esta creencia negativa, le pedí que hiciera otro dibujo de cómo le gustaría quedar con el éxito de la cirugía, e hizo otro dibujo, donde comentó: "Mi cabeza está completamente sellada".

Pasamos al procesamiento de los eventos relacionados con la cirugía:

- cuando descubrió que el problema era grave ya que se trataba de fluido cerebral;

- que si no quedase bien cerrado el espacio entre el rostro y el cerebro, podría haber riesgo de que alguna infección pasase a su cerebro. Incluso una gripe era de alto riesgo en este momento y podría causar una inflamación grave del cerebro o incluso la muerte;

- el miedo, la angustia y los temores vinculados a los acontecimientos, a la espera de ver que el injerto "pegase";

- el aburrimiento de estar absolutamente tumbada durante varios días, obedeciendo las instrucciones médicas.

Después de varias series de movimientos bilaterales (táctiles, en este caso, por razones obvias), Deise se sintió mejor, y con unos 15 minutos de reprocesamiento pasó su angustia y quedó una sensación de espera, pero con la confianza de que el injerto funcionaría. Retomamos el dibujo positivo, y ella dijo, *"Ahora es un poco diferente. Cuando me preguntó en una escala de uno a siete cuanto yo creía que era cierto que se sellaría mi cabeza, yo "vi" como un siete en mi cabeza. Para mí, el número siete representa la perfección, el completo, así que siento que mi cabeza está completamente sellada".*

Pedí a Deise que hiciera un dibujo de cómo ella percibía esta nueva imagen y reforzamos también este recurso positivo. Una vez más, insistí en que hiciera la visualización varias veces al día para instruir a su cuerpo a ayudarla en el proceso de curación.

Tiempo después, el marido de Deise se puso en contacto conmigo para darme las gracias. Me contó que Deise se había curado completamente. El injerto firmó y, a pesar de que la recuperación había sido "tediosa", ella estaba sin riesgo, y creía que la sesión le había ayudado mucho a enfrentar todo de manera positiva. Ya no corría ningún riesgo, y sólo tenía que hacer los exámenes de seguimiento normales.

Sandra: El legítimo dolor de codo... [21]

Este amplio relato de una sesión expone el uso de EMDR en la intervención con quejas de dolor físico. Podemos observar la vinculación entre el dolor y los recuerdos dolorosos del pasado,

[21] Relato publicado originalmente en el libro de casos de terapia EMDR de autores brasileiros, *Conquistas na Psicoterapia,* editado por André Maurício Monteiro, publicado por la Associação Brasileira de EMDR (2012). Reproducido con permiso. www.emdr.org.br

tanto en relación con situaciones conectadas directamente al accidente físico como en relación con los recuerdos de situaciones asociadas en redes neuronales. El EMDR pudo eliminar el dolor durante la sesión y en la siguiente sesión (24 horas después), el paciente continuaba sin dolor físico.

Hace aproximadamente un año, Sandra me informa de que sufrió una lesión en el codo debido a un movimiento brusco. El médico al acudió le recomendó que se realizara una infiltración, que Sandra relata le habían hecho de una forma muy dolorosa, hasta el punto de que ella atribuía la experiencia a una "mala praxis", ya que la infiltración alcanzo el nervio mediano. Con el tiempo, hubo una mejoría, pero el dolor volvió, cronificó y a pesar del tratamiento médico, no remitía.

Buscó otro médico que le recomendó otra infiltración que se realizó dos días antes de esta sesión de terapia EMDR. Sandra me cuenta que aunque la infiltración estaba "bien hecha esta vez", sintió mucho dolor con el tratamiento: no podía mover el brazo correctamente (no lavaba los dientes por sí sola, ni comer bien, etc.) y se sentía peor que antes de la infiltración.

Dice que se arrepiente de haberse hecho la infiltración especialmente porque tenía compromisos importantes en los días siguientes y que estaba limitada en el desempeño de las funciones normales. Siente mucha angustia, porque el médico le había planteado la posibilidad de una cirugía si el dolor persistía. Su angustia se ha agravado porque siente que con cada paso empeora su dolor y su sensación de incapacidad.

En esta sesión, la terapeuta le pide a Sandra que haga un dibujo de su dolor que sirva como la imagen que se va a trabajar.

T: Haga un dibujo de su dolor.

La cliente hace el siguiente dibujo:

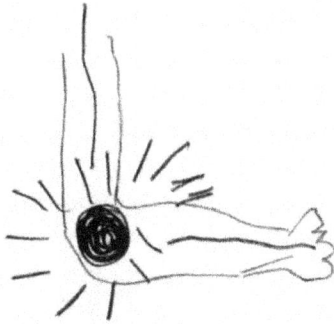

T: Cuando usted mira este dibujo, ¿cuáles son las palabras que se corresponden mejor a ese dibujo; que expresen su creencia negativa sobre si misma ahora?

C: Incapaz o incapaz de estar sana.

T: ¿Nos podemos quedar con "soy incapaz"? o "¿soy incapaz de estar sana?".

C: Soy incapaz de estar sana.

T: Y si usted se fija en la imagen nuevamente, ¿cuáles son las palabras que corresponden mejor con ese dibujo, que expresen su creencia positiva sobre si misma ahora?

C: Estoy libre de dolor. Sana. Lo más adecuado es libre de dolor.

T: ¿Tengo una duda en cuanto a que usted piense que nunca más va a sentir dolor, porque es poco realista pensar que uno nunca más va a sentir dolor...?

C: Yo me siento sana. Puedo estar sana.

T: Cuando usted piensa en esto, en una escala de uno a siete, donde siete es completamente cierto y uno completamente falso, ¿cuánto de creíble siente usted la frase "puedo estar sana"?

C: Siete

T: Cuando piensa en ello y en las palabras "soy incapaz" ¿qué emociones siente ahora?

C: Una profunda tristeza.

T: En una escala de cero a diez, donde cero es ninguna perturbación y diez es la perturbación más alta que usted pueda imaginar ¿cuánta perturbación siente ahora cuando piensa en esa imagen?

C: Ocho.

T: ¿Dónde la siente en su cuerpo?

C: En el brazo, el codo.

T: (La terapeuta da las instrucciones adecuadas para la fase 4 de desensibilización, e inicia los movimientos oculares).

C: Estoy con taquicardia, Sudando mucho.

T: (Movimientos bilaterales = MBs)

C: Tengo algo claro: Mi madre murió de cáncer, con mucho dolor y una gran incapacidad, dependiente. El dolor más fuerte que sentí en la vida tiene que ver con el dolor que ella sentía.

T: (MBs)

C: Siempre quise ponerme en el lugar mi madre para saber qué es lo que ella sentía, incluso a la hora de morir. Traté de entender la dimensión de su dolor. Creo somatice un poco.

T: (MBs).

C: Me fui a mi lugar seguro, metí el pie en el agua y volví. Para mi madre, lo más difícil fue la incapacidad del dolor. Para mí también. Perder autonomía, tener que pedir ayuda. Hay una identificación. El dolor es más soportable que la incapacidad.

T: (MBs).

C: Me siento más tranquila, el sudor pasó un poco, siento un poco de dolor, pero siento menos tristeza, menos ganas de llorar.

T: ¿En una escala de 0 a 10 cuanta perturbación siente usted ahora?

C: Seis.

T: ¿Qué significa ese 6?

C: La sensación de dolor parece más distante, pero la incapacidad todavía no. Como si fuese algo de un pasado muy remoto.

T: [Continua con movimientos bilaterales. Cuando para los movimientos pregunta al paciente:] ¿Sandra, usted tiene cáncer?

C: No. ¡No! ¡Por supuesto que no! Me acabo de acordar de la semana pasada, estaba muy bien, alegre, llena de energía. Con una sensación que hacía muchos años que no sentían. Fue una semana maravillosa. Sentí un gran bienestar, a pesar del dolor. Hice todo lo que tenía que hacer. El jueves me realizaron una nueva infiltración. No me quiero culpar, pero fue una decisión equivocada.

T: (MBs)

C: Fue un gran boicot. Yo estaba muy bien y usé este codo para boicotearme. Era la primera vez que me sentía tan bien en cuatro años, desde la muerte de mi madre.

T: (MBs)

C: Me vino la imagen, un efecto cinematográfico. Es el dolor de mi madre, no es el mío.

T: (MBs)

C: Me acuerdo de varios momentos de ella, una foto de ella que tengo en casa donde ella está sonriendo. Mi hija está en su regazo, mi hija está hasta bizca, pero lo principal es que mi madre está sonriendo. Era raro verla sonreír...

T: (MBs)

C: Yo me río más que ella, tengo más capacidad de reír que ella, y de estar sana quizás también.

T: (MBs)

C: Me vienen muchas cosas. La semana pasada conseguí estar bien a pesar del dolor, conseguí tener mucho placer a pesar de ello. Creía que tenía que estar absolutamente sin ningún dolor para ser feliz. El dolor no es suficiente para acabar con mi vida.

T: ¿Usted tiene derecho a ser feliz ahora que su madre murió?

C: Siempre lo tuve. Lamento no haber podido ayudarla. Ella no pidió ayuda, no se curó. Es difícil ver que la incapacidad es real pero es de ella, no es mía.

T: (MBs)

C: Salí un poco de ella [madre]. Pensé en mis hijas, en como ellas estarían bien con mi bienestar. "Se puede cambiar esta historia, no será necesario repetirla".

T: (MBs)

C: Tomé la decisión equivocada de hacerme la infiltración antes del curso. Mi madre tomó muchas decisiones erróneas en su enfermedad. Yo ya no lloro por esa decisión, así que no hay necesidad de que eso se perpetúe. Estoy aquí, no estoy en la cama, así que todo bien.

T: Usted tiene herramientas para cuidarse mejor que su madre.

C: La frase que me viene es: "este cuerpo me pertenece. Puedo cuidarlo o descuidarlo".

T: (MBs)

C: El cuerpo de ella parecía que no le perteneciera... Ahora me vinieron a la mente varios momentos agradables. Bailando... la sensación del cuerpo que me pertenece.

T: ¿Cuál es su decisión? ¿Va a cuidarlo o a descuidarlo?

C: A cuidarlo. No hay necesidad de dejar de vivir, de tener el placer de cuidar de mí. Me veo haciendo fisioterapia por la tarde y saliendo a bailar por la noche.

T: Podemos parar aquí o dar un paso más allá. Tengo la impresión de que usted necesita reparar algunas cosas con su cuerpo. Me gustaría proponerle una conversación entre usted y su codo.

C: Permítame retirar esto. (Quita la venda del brazo).

[La terapeuta espera a que la cliente se quite la venda, y entonces continúa con los movimientos oculares y le pide que imagine la conversación].

C: Le pregunté "¿por qué me hiciste esto conmigo, codo? ¿Por qué no me diste una pista?". Creo que es un codo mal entendido. Creo que yo no lo estoy escuchando. ¡No siento ningún dolor ahora mismo (con aire de asombro)!.

T: Vamos a escuchar lo que su codo le tiene que decir. (MBs)

C: Vino a mi memoria una pequeña cosa. La respuesta es "usted que no cuidó de mí". Cariño, cálido. ¡Estoy impresionada con la falta de dolor! Creo que eso era lo que necesitaba.

T: Quiero saber si usted y su codo están jugando en el mismo equipo.

C: Voy a hacerle esta propuesta.

T: (MBs)

C: La respuesta no vino en palabras, pero la escena que vino soy yo bailando *"I feel good"*. Me vi bailando esta canción.

T: Tengo otra propuesta, ¿qué tal si le hacemos una visita al primer médico?

C: Quiero pegarle.

T: (MBs)

C: Guau, me salieron un montón de insultos contra él. Él no fue cuidadoso. Tenía ganas de darle un golpe con este brazo. La lesión inicial fue jugando a que estábamos boxeando. Me sentí jugando a ese video juego, cuyo muñeco era el médico.

T: Y ahora, ¿cuánto le perturba, de 0-10?

C: La escena ya no me perturba. Cero. No siento dolor. Estoy llorando de alegría. Hacía mucho tiempo que no sentía esto (se enjuaga las lágrimas).

T: Me gustaría pedirle que haga un nuevo dibujo de cómo es ahora su dolor.

C: Estoy temblando. (Dibuja con el brazo lesionado).

T: Cuando usted ve este dibujo ahora, ¿qué piensa ahora a su respecto que sea positivo?

C: Yo soy feliz, alegre, ligera.

T: ¿Qué vamos a instalar ahora?

C: Yo puedo vivir sin dolor.

T: Cuando piensa en esto ahora, en una escala de uno a siete, donde uno es completamente falso y siete es completamente cierto, ¿cuán verdadero siente esas palabras ahora?

C: ¿Ahora? Siete. No estoy sintiendo nada.

T: Vamos a fortalecerlo. Piense en el dibujo y en la frase "Yo puedo vivir sin dolor". (Inicia movimientos).

C: Yo soy capaz de vivir sin dolor. Se acabó.

T: Piense en estas palabras positivas, y dígame si siente alguna perturbación en su cuerpo.

C: Nada. Ninguna perturbación. ¡Mira esto! ¡El brazo se extiende! No voy a buscar el dolor, él está herido. Voy a cuidar de él.

Fin de la sesión inicial de tratamiento para el dolor.

Al día siguiente, Sandra vuelve a la consulta.

T: ¿Qué tal está?

C: No me lo puedo creer. Creo que el remedio funcionó. Continúo sin dolor. Vi que mi cuerpo, al resolver las otras cosas relacionadas, permitió que la medicación surtiera efecto. Sentí la química.

T: Y ahora, ¿cuál es el nivel de perturbación que siente de cero a diez?

C: Yo estoy reacia a decir cero. Todavía tengo rabia contra el doctor. Digamos 2.

T: ¿Qué es cero?

C: Cero es olvidar, no tener más rabia, que no me movilizara más. Todavía tengo rabia. Que se convierta en un hecho, sin que esté impregnado de emoción.

T: ¿Y el dolor, de cero a diez?

C: Cero.

T: ¿Podemos hacer un intento de disminuir su rabia?

C: Bueno. ¡Ahora solo quiero pensar en lo que puede salir bien!

T: Piense en esa rabia. (MBs).

C: Me he dado cuenta de varias cosas. Primero me puse en manos de los médicos y se me olvidó que parte de la curación dependía de mí. Tengo rabia contra él, pero también contra mí, por no haber cuidado de mí. Fue un error, todo el mundo puede cometer errores. Por desgracia, fue conmigo. Ya no tengo necesidad de agredirle, perdió algo de importancia. No lo recomendaría a nadie, pero no quiero ocupar la memoria de mi disco duro con él.

T: Echemos un vistazo a su disco duro. ¿Cómo quiere resolver esto para cerrar la sesión?

C: Me llegó una frase, la enfermedad siempre puede estar por ahí. Puedo enfermar otra vez, sentir dolor otra vez, estar sujeta a eso. Pero puedo salir de ello, y dejar de sentir dolor también.

T: Volvamos a la escena del médico. ¿Cuánto le perturba ahora de cero a diez?

C: Cero.

T: *Puedo dejar de sentir dolor.* De uno a siete, ¿cuánto de cierto lo sientes?

C: Siete.

Final de la sesión de seguimiento

Comentarios y observaciones:

En esta sesión, se ejemplifica como el EMDR puede intervenir positivamente en situaciones de dolor físico. La aplicación del protocolo clásico de ocho fases con algunas intervenciones clínicas adicionales permite que el dolor disminuya e incluso que al día siguiente haya desaparecido.

Me gustaría hacer algunos comentarios sobre las intervenciones clínicas adicionales a la movimientos bilaterales, ya que es importante resaltar que la terapia EMDR encaja dentro de la comprensión teórica de la práctica clínica psicoterapéutica:

1. Sandra hizo una asociación casi inmediata entre su dolor y el dolor de la muerte, la enfermedad y el fallecimiento de su madre. Al preguntar a Sandra si tenía cáncer (un entretejido cognitivo), la terapeuta quería ayudar a la paciente a diferenciar el dolor del paciente del dolor de su madre y separar las dos cosas, una meta que fue alcanzada cuando Sandra fue capaz de expresar que aquel dolor pertenecía a su madre y no a ella.

Es importante en este proceso que Sandra se diera permiso para ser feliz, incluso después de la muerte de su madre.

2. Cuando la terapeuta propuso a Sandra que reparase su relación con el codo fue como si le estuviera proponiendo que permitiera la incorporación del brazo al cuerpo. Había una sensación de que el brazo estaba de alguna manera "disociado" del resto del cuerpo, y con el uso de los movimientos bilaterales se pudo fortalecer esta propuesta. Sandra "salió bailando"...

3. Llevar la paciente a un encuentro con el primer médico (al que obviamente ella todavía tenía mucha rabia) fue importante para poder desensibilizar el recuerdo negativo de lo que sentía que había sufrido en las manos de él. Era uno de los disparadores, que de no haber sido tratado, podría haber hecho que el dolor volviera.

4. En la sesión de seguimiento, vemos la continuación del reprocesamiento ya que Sandra trae la comprensión de que la terapia EMDR había permitido que la medicación (de la infiltración) le pudiese quitar el dolor. Esa fue su manera de resignificar lo que sucedió durante la sesión anterior.

Entrevistando al cuerpo: Cambio de roles

A mi entender, la "piedra preciosa" del Psicodrama siempre ha sido la inversión o cambio de roles. Si Jacob Moreno, el médico que desarrolló el Psicodrama y la Sociometría, no hubiera hecho nada más que enseñar a trabajar con el cambio de roles – esto ya hubiera sido suficiente. No hay nada en el mundo parecido a lo que se consigue entender cuando alguien se coloca en el lugar del otro.

Ahora que entendemos mejor el cerebro y sus conexiones, podemos comprender por qué neurobiológicamente somos capaces de percibir como es otra persona e incluso aspectos internos dentro de nosotros (nuestra "Pandilla Interna"). Esto sucede de una manera tan inconsciente que sólo cuando acedemos a estas redes neuronales mediante la inversión de roles, nos damos cuenta de lo mucho que nos conocemos. ¡A veces tenemos sorpresas impresionantes! No nos damos cuenta de lo mucho que sabemos hasta que nos ponemos en la piel del otro.

El cambio de roles nos permite intercambiar no sólo con los roles de otras personas, sino también con otras cosas, lugares, sentimientos y sensaciones. También podemos invertir los roles con nuestro dolor, alegría, ira o venganza. El único límite es la creatividad del individuo (¡y del psicoterapeuta!).

¿Cómo hacemos esto?

Podemos pedir a la persona que salga de su rol ("quién es ella" en este momento) y pase a vestirse del rol de otra persona, cosa o sentimiento. Por ejemplo, podemos dar esta instrucción al paciente:

"Deje de ser Doña María por unos instantes y sea su hijo, Santiago. Hable como si usted fuese él. Voy a hacerle algunas preguntas como si yo fuera una entrevistadora, y me gustaría que usted me respondiera como Tiago". Podemos pedirle a ella que cambie de lugar o de silla para marcar el cambio de roles. Si ella trata de volver a ser Doña María, le insistimos en hablar como "Santiago" para mantenerla en el rol de su hijo.

Entonces podemos hacer muchas preguntas esclarecedoras:

- ¿Usted quién es? ¿Cuántos años tiene?

- ¿Cómo está?

-¿Cómo entró usted en la vida de...? (Doña María) Esta pregunta es especialmente útil cuando estamos entrevistando roles donde hay sentimientos o dolor.

- ¿Qué está haciendo en la vida de... (Doña María)?

- ¿Cuáles son las cosas que le ha dicho a ella? ¿Qué cosas hace con ella?

- ¿Qué sería necesario para resolver esta situación? Esta es la pregunta "del millón" porque estamos viendo si la persona en el rol del otro nos puede dar la solución a lo que está pasando. ¿Cuáles son los cambios necesarios para que la relación o la situación se resuelvan...? Es impresionante como muchas veces la persona en el rol del otro "entrega el oro al bandido".

Una vez hice un ejercicio de autopresentación con una chica universitaria, en un grupo grande de alumnos de una formación de psicodrama. Ella presentó una vida muy tranquila, sin crisis o dificultades importantes... hasta el momento en que cambio de rol con su padre.

"Don Raúl, ¿qué es lo que usted piensa de su hija?" pregunté a la chica en el rol de su padre.

"Pues, estoy muy preocupado por ella, porque desde que murió un novio que ella tenía a los 15 años, nunca más volvió a tener novio... ¡ni siquiera un flechazo! Realmente yo quiero que ella se case, tenga hijos, una familia... dentro de poco ella cumplirá 28 años. Creo que ella nunca superó la muerte de aquel chico. Ella quería ir a despedirse de él, ya que él estaba sin esperanzas, pero usted sabe como son las cosas: una chica de 15 años no puede viajar sola a otro país para ver a su novio. No teníamos dinero para pagar dos billetes para que su madre la acompañara. Así que, doctora, eso fue todo. Murió en su país, y ella estaba aquí, triste, pero... paciencia. Desde entonces, nunca más ha tenido un novio.

Observen cómo la propia chica nos da la información de una situación mal resuelta y que había pasado completamente desapercibida en la auto-presentación inicial. Cuando la chica volvió a su rol de universitaria, construimos la escena donde ella finalmente pudo despedir de su novio, decirle lo que le quedó pendiente, para poder cerrar esa situación y poderse liberar para nuevas relaciones de amor.

Cuando añadimos los protocolos de las terapias de reprocesamiento a situaciones como esta, potenciamos la capacidad de curación de la persona. Además de entender mejor lo que está sucediendo, a menudo encontramos también la solución, el camino de salida. Y todo esto va realizando cambios a nivel cerebral: transformaciones neuroquímicas irreversibles.

Cuando se trata de dolor, podemos pedir al paciente que se coloque en el rol de su dolor, y explorar lo que está sucediendo.

Si entrevistamos al dolor a través de la inversión de roles, a menudo es posible encontrar un punto de partida para construir el protocolo EMDR y hacer el reprocesamiento con el rol invertido. Aquí es donde reside el secreto de este tipo de resolución de los síntomas.

Entonces podemos hacer preguntas al "Dolor":

- ¿Cuando empezó usted? ¿Qué estaba haciendo ella en aquel entonces? ¿Qué estaba pasando en su vida?

- ¿Qué hace usted aquí?

- ¿Qué hace con esta persona?

- ¿Qué le "dice"?

- ¿Qué fue lo que "abrió la puerta" para que usted entrara en su vida?

- ¿Qué hace que usted le siga infligiendo tanto dolor en ella?

- ¿Qué tiene que pasar para que usted se vaya? ¿Existe alguna forma de lograrlo?

A veces, las respuestas pueden darnos una indicación de si la persona y su cuerpo creen que el origen/ solución es médico y/o emocional. De todos modos, toda la información nos ayuda, y la parte que tenga una base emocional al ser reprocesada, también influirá en la parte física.

Hay situaciones en las que la persona no recuerda cuando inició el dolor, pero el cerebro tiene ese archivo, como vimos en el caso de Silvia. Nuestro cerebro almacena todo desde nuestra concepción, pero antes de los 24 meses de edad (cuando la parte cognitiva/verbal se desarrolla funcionalmente), la memoria es principalmente corporal.

La terapia EMDR es una herramienta que nos puede dar acceso a algunos de esos recuerdos cuando el origen del síntoma actual es traumático. No se trata de una terapia de regresión ya que el objetivo no es hacer que el paciente se acuerde de aquello que olvidó o que tal vez nunca tuvo un registro cognitivo; pero el cerebro es capaz de "tirar del hilo" de los recuerdos vinculados de manera conjunta dentro del mismo archivo cerebral para su reprocesamiento.

Hay que recordar también que si la persona tiene un dolor de diez en una escala de cero a diez, donde diez es el máximo dolor imaginable, entonces esta persona no tiene ni la más mínima calidad de vida. Si somos capaces de reprocesar los aspectos emocionales ligados al dolor, aunque el dolor físico permanezca, este debe quedar más atenuado, una vez resuelto el aspecto emocional. Esto puede restaurar un nuevo nivel de calidad de vida para la persona. Vivir con un 3 de dolor es tolerable (con unas pastillas).

El uso de la inversión de roles con el síntoma se ilustra con detalle en una sesión que tuvo lugar durante el II Congreso Ibero-Americano de EMDR en Quito, Ecuador (2010).[22] A continuación se encuentra el relato donde se puede observar cómo se llevó a cabo la inversión de roles en una situación de dolor.

Como se trataba de un congreso abierto, en lugar de trabajar el dolor personal de una persona, trabajamos con la estructura de la supervisión de un caso. Varios terapeutas comentaron sus casos, y el grupo votó el caso que sentía que más resonaba con la posibilidad de aprendizaje. El relato fue grabado y a continuación viene la transcripción del evento.

C: Soy terapeuta de Graciela.
T: Puede repetir de nuevo su nombre... Yuli.
C: Mi nombre es Yuli. Graciela, hace años que sufre dolores físicos muy fuertes. No sabemos bien el origen... puede ser un diagnóstico de fibromialgia o puede ser algo más. Estamos en

---

[22] El video de esa sesión está disponible en la página EMDR Treinamento e Consultoria de la web www.emdrtreinamento.com.br

busca del origen de su Dolor. En el contexto de las primeras tres sesiones, me cuenta que ha sido abusada por su hermano que murió por un disparo. La revelación acerca de su hermano llegó después. Parece que es una cuestión generacional, porque su madre también fue abusada y lo consideraban como algo normal. Nadie la apoyó en relación a esto.

T: ¿La madre?

C: La madre y el padre. Ellos lo sabían, pero...

T: ¿Sabían del abuso de Graciela o el de la madre?

C: El abuso de Graciela. La madre dice que "eso no tiene tanta importancia. Yo también fui abusada, es parte de la vida". El padre se comporta como si no importase. "Es tu hermano y no puedes hacer nada, tenemos que aceptarlo". Esto le molestó mucho a ella. Ella ahora está casada y ha tomado la decisión de separarse de su esposo. Por esto estuvo ausente de la terapia por un tiempo. Y ahora tenemos poco tiempo para terminar, porque ella se va a mudar a otro estado. Tengo dos meses para trabajar con ella y luego se va. Así que me siento presionada, porque no sé cómo llevar el caso, cómo ayudarle y como darle herramientas para el futuro también.

Surgió el tema del espiritismo como algo que creció con ella, como algo que le ayuda tanto como le asusta. Esto surgió en el transcurso de la terapia. También está el hecho de que se está separando porque su marido abusa de todos. Ella tomó la decisión, y me pareció bastante impulsiva, vino un día y me dijo: "!Basta! Me voy a otro estado. Me mudo tal día. No puedo soportarlo más". Por la forma en la que hablaba en la terapia, se podía ver la relación con su esposo, "no me apoya, pero yo lo entiendo". Pero ella nunca decía nada negativo de él. Hasta ese día, en que ella me dijo que estaba con un dolor intenso y que ya no aguantaba más.

T: Bueno, usted ha hablado de su dolor. Ha hecho un mapa de los dolores de Graciela. Hable un poco sobre eso.

C: Cuando ella viene a consulta, trae mucho dolor. Hice un mapa del cuerpo, en el cual ella va apuntando. Va señalando en el cuerpo donde más le duele. Creo que no hubo ninguna parte de su cuerpo que no le doliese. También le dije que lo complementara con lo que quisiera. Colocó una protección en todo su cuerpo y pintó una sombra. Ella dice que esa sombra le acompaña siempre, que nunca se fue. En algunos momentos en que procesamos este protocolo, lo que hicimos fue tratar el dolor y ayudar a la cliente a ir a un lugar seguro, un lugar tranquilo. Después de abordar el dolor e identificar lo que él es. También hizo un dibujo del dolor y el dibujo fue cambiando. Era una bola roja con muchos puntos negros y rayas. A veces, el dolor disminuye durante la sesión. Otras veces se presenta con mucha rabia, con mucho dolor, enfadado con todo el mundo. Ella misma dice: "No tengo amigos. Odio a la gente. Odio a todo el mundo y me odio a mí misma".

T: Muy bien, entonces, Yuli, voy a pedirle que hagamos un ejercicio de inversión de roles, pero en lugar de convertirse en Graciela, su cliente, me gustaría que se convirtiera en el dolor de Graciela, ¿de acuerdo? (Pausa.) Usted ahora es el dolor de Graciela, ¿verdad?

C: Sí.

T: Quiero pedirle que dé un paso al lado. Este es un lugar donde no hay dolor. ¿Puede imaginárselo?

C: Creo que sí.

T: Imagínese que este es un buen lugar, donde no hay dolor. Es un lugar seguro y protegido. ¿Sí? Está bien. Así que siempre que lo necesite, si el dolor es demasiado grande, puede dar este paso e ir a este lugar donde no hay dolor. ¿De acuerdo? De un paso para atrás de donde usted estaba. (Pausa.) Usted es el Dolor de Graciela. Cuénteme un poco de usted.

C: Yo soy un dolor muy fuerte que se inicia aquí atrás. Es algo que cuando tengo, no puedo pensar. No quiero que nadie me hable. Me duele mucho. También me duele mucho la cabeza. A veces no puedo soportar la cabeza y lo más extraño es que a veces me duele un dedo, y el otro dedo de estas dos manos, y algunas veces el dolor baja hacia los pies, y otras veces sube. El me agarra y me envuelve por completo, como si estuviera atrapada. Me lo quiero quitar y no puedo.

T: Cuando usted piensa en esa situación - me dijo que se sentía como si estuviera atrapada. Cuando piensa en esta situación y en las palabras, "yo estoy atrapada", ¿qué siente?

C: Eso, que estoy atrapada en este dolor.

T: Usted está hablando como Graciela con su dolor. Ahora quiero que dé un paso más hacia aquí y quiero que *sea* el dolor, ¿de acuerdo?

T: Dolor, Dolor de Graciela. Quiero que se quede aquí. Aquí usted es el Dolor. En aquel lugar está Graciela con su dolor y aquí está el lugar donde no hay dolor, ¿de acuerdo? (El terapeuta va señalando estos lugares físicos que se han marcado en el escenario). Usted es el Dolor de Graciela. Dígame algo, ¿desde hace cuánto tiempo usted está ahí? ¿Cuándo llegó a la vida de Graciela?

C: No me acuerdo.

T: Piense en ello. ¿Tú estabas con ella cuando fue a la escuela?

C: No, creo que ella tenía unos siete años.

T: ¿Graciela tenía siete años?

C: Sí, Graciela tenía siete años cuando yo entré en su vida. Sí, fue entonces cuando comenzó el dolor de cabeza.

T: ¿Qué pasó con Graciela que permitió su entrada?

C: Graciela era una chica que no gustaba a nadie, con defectos físicos, problemas de aprendizaje. Abusaban de ella y ella no podía decírselo a nadie.

T: Ya con siete años usted había aparecido. ¿Esto fue algo que duró mucho tiempo o fue una experiencia aislada?

C: Hasta los 15 años.

T: Muchos años entonces. ¿Y Graciela sabe quién abusó de ella?

C: Sí.

T: ¿Podría contárnoslo, por favor?

C: Era su hermano.

T: ¿Graciela trató de hablar con sus padres de esto?

C: Ella no lo intentó porque estaba amenazada.

T: Pero, ¿qué le decían?

C: Que nadie la creería. Que le echarían la culpa a ella, que la mataría si hablara. Todas estas cosas... amenazas.

T: Usted es el dolor de Graciela. ¿Cómo se siente aquí, como Dolor de Graciela?

C: Siento que soy algo muy fuerte. Que yo puedo más que ella. Que a veces puedo dominarla.

T: Bueno ¿Qué tipo de cosas le dice a ella?

C: Le hago sufrir. Le hago llorar. Hago que ella vuelva a pasar siempre por lo mismo, y no quiero irme, no quiero alejarme de ella.

T: ¿Quiere estar en su vida? ¿Por qué?

C: Porque me convertí en parte de ella. Ya tenemos una relación, un afecto.

T: Usted es parte de su "Pandilla Interna".

C: Sí, sí.

T: Sabe que Yuli me dijo que Graciela hizo un dibujo de usted, ¿recuerda? Dígame como era el dibujo.

C: Era una bola roja con rayas y muchos puntos negros. Pero también hizo un muñeco del cuerpo y me dibujo negro y bien pegado al cuerpo.

T: Cuando piensa en esos dibujos, ¿qué es lo que usted piensa al respecto, Dolor? ¿Qué es lo que usted siente? Cómo Dolor.

C: Creo que de alguna manera me metí aquí y que el dibujo no lo representa todo. Soy más fuerte. No representa todo.

T: Usted es más fuerte. De acuerdo. Y cuando piensa en el dibujo, ¿usted piensa en su fuerza? ¿Qué es lo que usted piensa al respecto que sea negativo e irracional?

C: Oh, no lo sé, soy de color negro. Por eso paso al rojo, no sé, yo soy más fuerte que ella.

T: Así que usted es el dolor con todas esas características y su función es causar dolor a Graciela. Usted es fuerte y feo. ¿Puede decir "soy feo"?.

C: Sí, yo soy feo.

T: Quiero pedirle que de dos pasos aquí donde no hay dolor. Cuando usted piensa, que aquí no tengo ningún dolor, que está bien, ¿cuáles son las cosas positivas que usted piensa de sí mismo?

C: Que a veces puedo tomar esta cosa que tengo pegada y sacarla fuera de mi, dejarla a un lado y sentir que me puedo mover. Porque el dolor me paraliza. Eso es lo que pienso cuando estoy de esta forma... vi una luz blanca. Esta luz blanca me hace creer que me puedo curar.

T: Entonces, ¿qué piensa usted de la frase "yo me puedo curar"?

C: Creo que está bien.

T: Bueno. Entonces en una escala de uno a siete, donde siete es completamente verdadero y uno es completamente falso, ¿cuán verdaderas siente estas palabras ahora, cuando piensa en todo esto?

C: Oh, 3 o 4.

T: Regrese a ese Dolor. Usted dijo: "yo soy feo". Entonces, cuando piensa en estas experiencias, en este dolor, en todo lo que le pasó a Graciela, en todo eso a lo que ella estuvo sujeta, ¿qué emociones siente ahora?

C: Rabia, mucha rabia, deseo pelearme con todo el mundo.

T: De cero a diez, donde diez es la perturbación más alta que usted pueda imaginar y cero es ninguna perturbación, ¿cuánta perturbación siente cuando piensa en ello?

C: Diez.

T: ¿Y en donde lo siente en su cuerpo?

C: Aquí. Aquí atrás en las costillas. Y a veces me duele mucho. Siento que aquí, se me agarra.

T: Usted ya sabe cómo funciona la terapia EMDR. Voy a hacer algunos movimientos oculares. Si quiere, puede pedirme que pare. Vamos a ver qué pasa con usted, Dolor... A medida que desarrollamos el reprocesamiento, vaya hablando sobre lo que esté sucediendo.

T: Piense en esas experiencias por las que Graciela pasó. Piense en la función del Dolor Graciela. Piense en las palabras "soy feo". Siéntalo en su cuerpo y siga mis movimientos. (La terapeuta hace movimientos bilaterales = MB). Respire.

C: Es como si tuviera algo aquí. Tengo muchas ganas de llorar. Quiero sacarlo.

T: Vamos con eso... (MBs). ¿Y ahora?

C: Siento mucha rabia.

T: ¿Podemos seguir? (MBs) Respira, suelta, ¿y ahora?

C: Creo que en realidad no soy tan feo. (MBs)

T: Respira. ¿Y ahora?

C: Hubo una vez que Graciela me cortó, me tiró, me dejo en el suelo, en alguna parte, y me sentí extraño, sin saber qué hacer en este lugar. Siempre he estado pegado a ella.

T: Cuando usted está pegado a ella, ¿qué es lo que está haciendo?

C: No la dejo en paz, le hago sufrir.

T: ¿Y le hace compañía?

C: Siempre.

T: ¿Para qué no esté sola?

C: En realidad, estamos juntas desde hace tanto tiempo...

T: ¡¿Ella no puede imaginar su vida sin usted?!

C: No.

T: Parece que esta compañía ha sido dolorosa, pero ha sido compañía.

C: Sí.

T: Tengo la impresión, puedo estar equivocada, que de alguna manera usted también le ayuda.

C: Puede ser.

T: ¿Se imagina cómo?

C: Supongo que, al sentir el dolor, ella también se siente viva, porque hay momentos en que se siente muerta. Siente que no existe. También le prestó mucha atención a ella, mucha.

T: Y le ayudó a estar callada para que nadie supiera lo que pasó con las amenazas. Parece que de alguna manera usted la protege. ¿Sí o no?

C: Sí.

T: Entonces usted la acompaña, hace que ella se dé cuenta de que está viva. Que no está muerta. Hace que ella sepa lo que siente, y la protege. Son muchas funciones importantes. Así que no me sorprende que cuando ella intenta deshacerse de usted, usted vuelva.

C: Yo no había pensado así, pero tiene sentido.

T: Piense en ello. (MBs)

C: Se me ocurrió lo que podría hacer para ayudarle. Porque yo nunca lo había pensado de esa manera... podría ir alejándome de ella.

T: Creo que es importante que usted mantenga su función de ayuda. Parece que usted tiene una función importante que es denunciar lo que le hicieron.

C: Mire. Abusaron de mí, me maltrataban, hicieron cosas conmigo, me amenazaron, no me dejaron hablar.

T: Y usted, Dolor, es el portavoz de todo esto. Usted es su dolor. Usted dice: *Mira, yo existo.* Le hicieron cosas y su madre no lo reconoció. Su padre no lo reconoció, y su hermano no lo reconoce.

C: Alguien lo tiene que reconocer. ¿Será por eso que sigo con ella?

T: Piense en eso. (MBs)

C: Ahora me siento tranquilo.

T: ¿Qué pasó?

C: Por alguna razón estoy aquí.

T: Sí. Le voy a dar mi opinión. Mi opinión no siempre es la correcta ¿de acuerdo? A veces me equivoco. Quién tiene la razón es usted. Pero yo le daré mi opinión de todos modos. Le voy a dar una pista. Vamos a ver si le gusta... La impresión que tengo es que, como Dolor, necesita ser reconocido. Que la única manera de ser capaz de cambiar, de transformarse... de que usted pase a ser otra cosa, dejar de doler tanto, es que alguien importante lo reconozca... que reconozca sus quejas, el dolor, lo que le hicieron a ella. ¿Tiene sentido lo que le he dicho?.

C: Me gusta.

T: Tengo una sugerencia. Hay muchas personas aquí deseosas de reconocer el Dolor de Graciela. ¿Qué opina de darles una oportunidad a ellos – y a usted, Dolor - de ser reconocido como Dolor? Cuando somos reconocidos, a veces podemos cambiar la percepción (es una cosa mágica, una sustancia química producida por el cerebro) y en vez de dolor, ¿es posible que usted se pueda transformar en reconocimiento...?

C: Voy a intentarlo.

T: Entonces hagamos lo siguiente: Yo quiero que usted mire a toda la gente que hay aquí. (El terapeuta gira al Dolor de Graciela para que pueda ver a todos en la platea. En un silencio mortal, todas las personas le están mirando, y reconociendo su dolor.) Todas las personas que hay lo están reconociendo como el Dolor de Graciela. Yo también. También lo estoy reconociendo. Le reconozco y le veo. Veo lo que sufrió Graciela. No es justo que una niña haya sufrido tanto, en silencio, durante tantos años sin que nadie la ayudara, sin que nadie lo reconociera, sin tener a alguien que le diga, "Sí, es cierto lo que le está sucediendo. En realidad existe. Realmente está sucediendo". (MBs)

T: ¿Y ahora...?

Q: No sé qué hacer... necesito ayuda para tratar de entender lo que debo hacer, si voy a seguir siendo parte de su vida, si voy a ayudarla... estoy confundido.

T: Eso es normal. Le diré algunas cosas y a ver lo que usted piensa. Recuerdo que una vez leí que el problema del trauma - y Graciela está muy traumatizada – está en la dificultad de digerir la *verdad* de lo que realmente sucedió. Graciela sufrió realmente esas cosas y es usted, Dolor, quien ha denunciado y delatado todo esto, queriendo que su dolor fuese reconocido. (El cliente asiente).

T: También aprendí que la percepción lo es todo, por lo tanto usted es la percepción de Graciela y tiene funciones importantes, de protección, de ayuda, de compañía, de reconocimiento de la verdad. Así que no es simplemente cuestión de tirar todo eso. Por esta razón usted vuelve.

C: Quiero decirle a Graciela que todo esto realmente sucedió, pero no sé cómo, que sé que ella sufre y sé por qué sufre, cuanto sufrió, cuán grande ha sido su dolor. Como Dolor, no sé cómo hacer esto.

T: ¿Qué formas de comunicación tenemos?

C: Tenemos la verbal, que sucede cuando ella aguanta el dolor, cuando ella me dice, me duele aquí. Ella me dibuja, esto es una forma de comunicación.

T: Usted que conoce mejor a Graciela, ¿cuál es la mejor forma de comunicarle esta información?, ¿la forma en que ella pueda creerlo?, ¿una forma en que pueda integrar la información y le haga bien?

C: Se que ella es muy espiritual y prefiere comunicarse con una entidad espiritual antes que con alguien que existe. Ella cree firmemente en sus protecciones y en los ángeles.

T: ¿Así que ella tiene otras compañías?, ¿cuenta con más personas en su Pandilla Interior?

C: Sí

T: ¿Se imagina usted comunicándoselo directamente a Graciela o prefiere comunicárselo a sus ángeles?

(Pensando).

C: Me gustaría comunicarme con sus ángeles, porque la comunicación directa no ha sido buena.

T: Quiero que usted dé esta información a los ángeles de Graciela. (MBs)

C: Me costó un poco comunicarme con este ángel, pero lo reconocí por la luz, y el mensaje está enviado.

T: Bien. Cuando empezamos, usted era el Dolor de Graciela, y vimos que usted realiza importantes funciones, de protección, de apoyo y de reconocimiento. ¿Quién es ahora?

C: No lo sé, pero alguien de su Pandilla Interna.

T: Y si tuviera que decir algunas palabras positivas sobre usted, si usted pudiese transformar el dolor en otra cosa, ¿qué sería?

C: Querría ser una luz blanca sanadora.

T: Bien. Y si usted se transforma en esa luz blanca sanadora, ¿cuáles son las palabras positivas que aparecen cuando piensa en ello?

C: Le voy a ayudar a superar todas estas cosas que le sucedieron. A reconocer el dolor y a sentirse bien.

T: OK, entonces ¿qué le parecen las palabras, "le puedo ayudar"? En lugar de doler, creer en las palabras, le *puedo ayudar*, y de uno a siete, donde siete es completamente verdadero y uno es completamente falso, ¿cuánto verdaderas siente que son estas palabras ahora?

C: Siete. (MBs)

T: ¿Siete poderoso?

C: Siete poderoso.

T: Quiero darle las gracias por haber venido aquí y habernos enseñado. Tuvimos la oportunidad de reconocerlo y darle la oportunidad a Graciela de sanarse. Así que ahora voy a pedirle que se convierta en Graciela con Dolor. Ahora ella tiene que descubrir y aprender a escuchar la información que usted descubrió, ¿de acuerdo?

T: De un paso más hacia aquí. (El terapeuta ahora habla con este nuevo rol). Graciela con Dolor, tuve una larga conversación con su Dolor. Y me dijo muchas cosas muy interesantes. El transmitió esa información a uno de sus ángeles. Ahora quería que escuchara lo que uno de sus ángeles le va a decir. (MBs) ¿Está usted bien?

C: Sí. En realidad, yo no sabía que usted (ángel) me podría ayudar... Sabía que estaba siempre conmigo, pero nunca se me ocurrió pedirle ayuda.

T: ¿Y ahora?

C: Ahora sé que me ayudará y que no sólo tiene la función de protegerme, sino también de ayudarme a superar lo que me pasó. Para así poder salir de esto, porque no puedo aguantarlo más.

T: ¿Cómo estás ahora?

C: Estoy más tranquila porque ahora tengo otra manera de ver esto, no tan negativa. Sé que hay algo que yo puedo hacer para estar mejor.

T: Ahora cuando usted piensa en las palabras "hay algo que yo puedo hacer" de uno a siete donde siete es completamente verdadero y uno es completamente falso, ¿cuán verdadero siente estas palabras ahora?

C: Seis.

T: Hmm, piense en ello. (MBs).

T: ¿Y ahora?

C: Siento algo aquí que me quiero quitar, pero no sé lo que es (pone su mano en el pecho). Una cosa que me presiona el pecho, que duele mucho, pero que tiene que irse. Tengo tantas cosas que decir, pero no puedo.

T: No es necesario que nos diga nada; sólo piense.

C: Para mí es muy importante hablar, porque nunca nadie me escuchó. Así que tengo que contárselo. Toda mi vida he guardado este secreto, fui rechazada, siempre he sido una persona que no existía. A veces mi cuerpo estaba paralizado. Ahí es cuando el dolor me agarra fuerte. Me siento paralizada. Y hoy sentí por primera vez en mucho tiempo que había un rayo de esperanza para mí.

T: Piense en ello. (MBs). ¿Y ahora?

C: Sentí que había como una gomita aquí en el medio y que por ahí comenzó a salir poco a poco, algo que me molestaba, como si quisiera salir solo. Sentí un poco de alivio cuando se fue.

T: Graciela, usted sintió mucho dolor durante muchos años, y eso le dolió intensamente. ¿Dígame si usted cree que puede salir de esto ahora o si esto va a ser un proceso que debe seguir?

C: Es un proceso que me va a acompañar.

T: Bien, entonces vamos a ayudarle con la continuación de este proceso. Usted me dice que cree que tiene ayuda y que puede sanar el dolor que siente. ¿Qué tal si ponemos esta parte del dolor que necesita ser resuelto y que va a ser tratado con Yuli de lado por el momento? Estoy segura de que Yuli sabrá mejor como tratarlo en este proceso. Dejemos de lado, esa parte en una caja. Y vamos a trabajar un poco más las herramientas que usted tiene, estos recursos, esta nueva comprensión de su dolor. El reconocimiento de su dolor.

C: Creo que es una buena idea.

T: Bien, ¿cómo está ahora?

C: Estoy mejor, me siento mejor.

T: Quería darle una pizca de lo que será su vida en el futuro. De un paso hacia aquí. ¿Recuerda que hablamos de Graciela sin dolor? Yo quiero que sienta por unos instantes como va a ser la Graciela del futuro... la que va a ser capaz de vivir sin dolor. Porque el dolor quedó en el pasado, ha sido reconocido. Él puede disolver, metabolizar; resolver todo este dolor.

C: Realmente quiero esta realidad.

T: Y aquí, en este lugar, usted será capaz de vivir sin dolor. ¿Cómo se siente ahí?

C: Siento que me quité un peso de encima, porque me pesaba mucho. Estaba envuelta en él y ahora siento que me puedo mover.

T: Usted había dicho "me puedo mover", y también, "me puedo sanar". ¿Cuál de las dos expresiones resuena más para usted?

C: Yo me puedo sanar, yo me puedo sanar.

T: En una escala de uno a siete, ¿cuán verdadero siente que son estas palabras para usted ahora?

C: Siete, siete.

T: Ahora quiero que usted se concentre en estas palabras que representan su futuro y siga mis movimientos. (MBs). ¿Y ahora?

C: Ahora siento que quiero continuar, tener más sesiones de terapia, tener más oportunidades de hacer este tipo de reprocesamiento. Para mí es muy importante. Tengo que sanarme, y necesito hacer esto con cuenta gotas, poco a poco.

T: Graciela, quería darle las gracias por haber venido aquí y por compartir su dolor, y habernos dado la oportunidad de reconocer su dolor. Este dolor que le ha ayudado, y ahora empieza a transformarse, a tomar otra forma en su vida. Y ahora aquí tiene un futuro que incluye las palabras "yo me puedo sanar". Le agradezco que haya compartido todo esto y ahora quiero que se convierta en Yuli. De un paso hacia un lado y sea Yuli. (Ella lo hace.)

T: ¿Qué es lo que usted ha aprendido, Yuli?

C: Aprendí algo que nunca se me había ocurrido: que el dolor podría ser parte de su Pandilla Interna - tal vez la autoridad más absoluta de la Pandilla de Graciela. Y aprendí que yo siento. La gente dice que entiende a la gente, en teoría, pero ahora que yo fui Graciela, *sentí lo que ella siente*, fue diferente.

T: ¿Cómo estás ahora? ¿Al pensar en volver de nuevo a su consultorio y ver a Graciela de nuevo?

C: Me siento mucho mejor. Creo que esto me ha ayudado a tener una nueva perspectiva de cómo puedo ayudarla. Expuse el caso porque realmente no sabía muy bien por dónde ir. Ahora veo que es necesario procesar su dolor y no sólo su trauma. Había pensado en volver a su infancia, para trabajar su infancia, pero no de esta forma maravillosa. Estoy muy agradecida por esta técnica. Y no se me había ocurrido, porque muchas personas llegan con dolor, pero yo no había entendido que esto es parte de nuestra Pandilla Interna. Hasta el dolor es una parte, como si fuese una personalidad. Tiene una función, un "para que", un discurso.

T: Y por esto es posible tratarlo.

C: Estoy muy agradecida de haber presentado este caso tan difícil y que usted me haya ayudado como terapeuta, como una psicóloga, a ayudar a un paciente.

T: Por este motivo es tan importante contar con estas herramientas, ya que a menudo aprendemos de los propios pacientes lo que tenemos que hacer, qué decisión tomar. Muchas gracias también por su disposición a compartir todo esto.

Comentarios al final de la sesión:

Diferentes roles fueron apareciendo. Yo trabajo mucho con la metáfora, el símbolo, ya que tienen una mayor capacidad de generalización. Mi interés, desde que empecé a escuchar el caso presentado por Yuli, estuvo en el tema del dolor. Porque me di cuenta de que si no se trabajaba el tema del dolor en la sesión, no iba pasar nada. Esto se tenía que destrabar. A veces no hay una situación concreta, sino que el blanco es todo su dolor. Así que tomé un atajo. Fui directamente al dolor como un todo, para que nos ayudase a entender cuál era la función que estaba jugando en su vida. Era algo que ella misma no entendía.

Esto no es una cuestión de expulsar quién vive adentro, en su Pandilla Interna, porque si lo hiciéramos así volverían otra vez. Si no se cuida de los roles heridos, ellos vuelven. Los síntomas vuelven a aparecer. Tenemos que entender lo que el síntoma quiere decir; lo que necesita, porque los síntomas indican que algo no está bien. Es como una fiebre que avisa de que hay infección. Si no se trata bien la causa de la infección, la persona no se cura.

Como yo tampoco sabía la causa traté de crear una situación donde el propio paciente (y su cerebro) pudiesen encontrar su salida, encontrar su camino. A veces es necesario dar más información o reestructurar la situación para que ellos puedan entender mejor lo que está sucediendo. Podemos proponer cosas y si tiene sentido para el paciente, ellos aceptan. Pero también nos dicen que no, que eso no es así, y esto también es útil. No tengo ningún problema si el paciente me dice "no" porque me da la oportunidad de preguntar, ¿entonces, cómo es? Al final yo estoy al servicio de este paciente, y no de mi autoestima o mi ego. Quiero dar lo mejor que tengo en cuanto a herramientas para que esa persona pueda encontrar la estructura que posibilita la curación.

Este es un caso, como se dieron cuenta, donde hay un enorme dolor. Quise ayudar a esta paciente (más bien, a esta terapeuta) a dar un paso más para ayudar a esa persona.

Pudimos darnos cuenta de que "Graciela" logró comenzar abrir un pequeño agujero a través del cual podría comenzar a salir su dolor, y por donde se puede transformar una vez que sea reconocido.

Creo que uno de los grandes problemas del dolor tiene que ver con el hecho de que muchas personas no lo reconocen. Nadie creía que eso estuviera sucediendo con Graciela. La persona llega a pensar: me lo estoy imaginando, es una mentira; y si alguien no reconoce mi dolor, es como si yo fuese invisible. Yo no existo, y esto termina siendo una buena (y triste) propuesta para el suicidio.

Aproveché la oportunidad para que todos pudiéramos formar parte de la Pandilla Interna de Graciela, porque ella necesitaba este reconocimiento. Les pedí ayuda a ustedes, público, porque no estaba segura si mi reconocimiento sería suficiente, ya que su dolor era tan grande. Así que, al recibir tanto reconocimiento, ella pudo transformarlo en ayuda. Pudo encontrar su camino.

Traté de identificar bien sus roles, para que quedasen más claras para ella. Fue en el cierre, cuando ella fue capaz de verse en el futuro como Graciela sin dolor, cuando la esperanza pasó a ser una realidad para ella.

Ella necesitaba una gran cantidad de personas en su Pandilla Interna. Ella no tenía el apoyo de su marido. Y ustedes, hoy aquí como público, fueron muy amorosos y compasivos. Sentí una gran sintonía con ustedes a pesar de que había muchas personas (más de 150). Me arriesgué a incluirlos porque hacía falta *mucho* reconocimiento. De los siete a los quince años fue abusada. Esto es más de la mitad de su vida cuando ella llegó a los 15. Nunca fue reconocida ni por su padre ni por su madre. Por esto es que hice algo a lo grande aquí hoy.

Comentarios finales:

Releyendo este informe después de varios años, me pareció importante agregar algunos comentarios más sobre el manejo de la sesión.

No trabajé directamente con el abuso de Graciela porque sospechaba que pudiera haber disociación. Cuando nos encontramos con un paciente con antecedentes de abuso sexual/ incesto durante muchos años en la infancia, en general, estamos frente a un marco de probable disociación. Por esta razón, no quería ir directamente al trauma del abuso.

Cómo Yuli también mencionó que tenía poco tiempo para tratarla antes de que Graciela se mudara, pensé que lo mejor sería ofrecerles un mapa que Graciela pudiera seguir con el poco tiempo que quedaba de terapia. No creo que fuese prudente que Yuli abriera el tema de los abusos por la misma razón: no tenía el tiempo suficiente para poder trabajar los abusos sin un gran riesgo de disociación.

Tratar el dolor primero fue una forma de trabajar el problema, pero sin mucho riesgo de dañar al paciente. Esto dio más recursos a Graciela. Con la distancia emocional, fue posible ver mejor el rol del dolor en su vida y encontrar una solución. A pesar de que el problema del dolor no se resolvió por completo – ni siquiera podría ser una expectativa para una sola sesión - al menos la función del dolor en la vida de Graciela comenzó a tener sentido. Le dio un camino de salida.

Trabajar con el dolor fue también una forma de crear un atajo. ¿Imagínese cuántas escenas de abuso tendrían que ser trabajadas? y ¿el número de sesiones que se necesitarían para hacer todo esto? Al trabajar el dolor también tuvimos la posibilidad de generalizar el alivio a otras redes neuronales.

Al final de la sesión, le pedí a Graciela que se pusiera en el rol de Graciela Sin Dolor. Esto cumplió dos funciones. Una, ayudar a Graciela a cerrar la sesión en un lugar que sería un recurso para ella. Habíamos creado este rol como un lugar seguro, donde podría ir cuando no pudiera soportar el dolor. Pero también sirvió como una meta futura, y le dio la esperanza de que pudiera ser algo a alcanzar en algún momento. Así que la sesión terminó con un rol de fuerza y posibilidad. Los niños traumatizados no tienen noción de futuro. Cuando pudimos llevar a la niña interna de Graciela a creer que un futuro sin dolor sería posible, estábamos seguros que ella estaba en buen camino.

Finalmente, trabajar con la Pandilla Interna es una forma de evitar la disociación durante el reprocesamiento. Si dejamos que el trabajo transcurra muy a nivel interno no siempre sabemos lo que está pasando dentro del cerebro del paciente. Se puede dar una disociación y el terapeuta no percibírselo. Si trabajamos las roles de forma externa - ya sea sobre un tablado como hacen los experimentados psicodramatistas, ya sea con piezas del Kit Pandilla[23] o Kit Play of Life[24] como se enseña en los cursos de formación con la teoría de los roles internos - el paciente tendrá una mayor distancia emocional y podrá mantener la atención dual necesaria para que el reprocesamiento se dé a un ritmo que el cliente pueda soportar.

---

[23] El Kit Galera es un juego con piezas que se utilizan para construir la Pandilla Interna, disponible para los profesionales que se inscriben en el curso, *Sanando la Pandilla Interna*. Información en: info@pandillainterna.com

[24] Kit *Play of Life*® desarrollado por el Dr. Carlos Raimundo con piezas de Playmobil®

Intervenciones Médicas

Amputación y Dolor del Miembro Fantasma

En términos históricos, sabemos que la Guerra Civil norteamericana durante la década de 1860 produjo una oleada de soldados amputados que se quejaban de dolor en el miembro que había sido amputado[25]. Incluso llegaban a atribuir el dolor a un "fantasma" o alucinación, lo que llevó al desarrollo de los términos *causalgia* o *miembro fantasma*. Actualmente se estima que la sensación del miembro o dolor en el miembro fantasma está presente en la mayoría de las personas que sufren una amputación (entre el 50-90% dependiendo del estudio [Desmond y MacLachlan, 2002; Sherman, Sherman, y Parker, 1984[26]]) con una incidencia crónica que oscila entre 10-78% (Beckham et al, 1997; Sherman et al, 1984[27]). Como es frecuente la combinación con el Trastorno por Estrés Postraumático (TEPT) en estos casos, muchos pacientes también sufren de depresión debido a la enfermedad que llevó a la amputación y/o en relación a la propia amputación.

Un estudio reciente (Poundja et al., 2006), con 130 veteranos de guerra norte-americanos mostró una alta correlación (89,5%) entre el TEPT y la severidad del dolor con la depresión. Esto sugiere la importancia de realizar intervenciones psicológicas para

[25] Russell, M. C. (2008). Treating Traumatic Amputation-Related Phantom Limb Pain: A Case Study Utilizing Eye Movement Desensitization and Reprocessing Within the Armed Services, Clinical Case Studies, 7 (2) 136-153.

[26] Desmond, D., & MacLachlan, M. (2002). Psychosocial issues in the field of prosthetics and orthotics. *Journal of Prosthetics and Orthotics*, 14(2), 19. Sherman, R. A., Sherman, C. J., & Parker, L. (1984). Chronic phantom and stump pain among American veterans: Results of a survey. *Pain, 18*(1), 83-95.

[27] Beckham, J. C., Crawford, A. L., Feldman, M. E., Kirby, A. C., Hertzberg, M. A., Davidson, J. R. T., et al. (1997). Chronic posttraumatic stress disorder and chronic pain in Vietnam combat veterans. *Journal of Psychosomatic Research*, 43(4), 379-389. Sherman, R. A., Sherman, C. J., & Parker, L. (1984). Chronic phantom and stump pain among American veterans: Results of a survey. *Pain, 18*(1), 83-95.

tratar eficazmente tanto el TEPT y la depresión así como el dolor crónico, del tipo del dolor del miembro fantasma.

A continuación sigue la historia de un tratamiento realizado por la colega Glaci Faingluz, con una persona que había sufrido la amputación de una pierna hacía pocos días. Conmovida por el sufrimiento de esa persona, Glaci atendió a esta señora todavía en el hospital, mientras se recuperaba de la cirugía de la amputación. Se ha visto que la terapia EMDR es una de las pocas herramientas eficaces en reducir o eliminar totalmente el dolor del miembro fantasma. Miren cómo Manuela logró superar el dolor físico de la amputación a raiz de la intervención con EMDR.

Manuela tenía 57 años cuando le tuvieron que amputar su pierna por problemas de circulación. La terapeuta, Glaci, que la atendió en el hospital la había visitado varias veces. Conmovida por el dolor físico que Manuela aún sentía en el miembro fantasma, le propuso realizar una sesión de terapia EMDR como una forma de aliviar su sufrimiento. Manuela realmente quería que el dolor parase y nadie sabía qué hacer para ayudarla. Los médicos habían aumentado la cantidad de medicación, sin embargo, el dolor no pasaba. Manuela no entendía cómo podía sentir dolor en la pierna que había sido amputada, que ya no existía. Es importante resaltar que esta paciente estaba recibiendo altas dosis de medicación antes de la sesión de terapia EMDR, pero aún así el dolor persistía.

Con la estructura del protocolo básico, usando la pierna (amputada) como la imagen, con una creencia negativa sobre el dolor en la pierna, la emoción de tristeza (un SUDS ocho de la experiencia de la amputación), con las sensaciones corporales del pie (amputado). La creencia positiva deseada era que ella pudiese vivir con la situación actual, pero sin dolor.

Cuando la cliente pensó en la situación se seguía viendo con su pierna. Recordó la tristeza y la incomodidad de la cirugía, y sintió que le picaba el pie (ausente). La puntuación en la escala de dolor subió a siete en este momento.

En la medida en que fue reprocesando ella visualizó el muñón sin la pierna, lo que le daba más tristeza aún. Entonces se le ocurrió la idea de despedirse de su pierna amputada:

"Hablé con la pierna y le dije que la echaría de menos. Nacimos juntas, crecimos juntas. Pero ahora llegó el triste momento en que

tendríamos que aprender a vivir lejos para que yo pudiera seguir adelante con mi vida". Siguieron con el reprocesamiento mientras la cliente se despedía de la pierna, en contacto con este sentimiento de pérdida. Finalmente la cliente abrió los ojos y dijo: *"Dije adiós a la pierna. El muñoncito me dijo que va a estar todo bien; que voy a tener algunas dificultades, pero que voy a conseguir adaptarme"*.

Entonces, cuando la terapeuta le preguntó cuánto le perturbaba la pérdida de la pierna ella contestó que cero. Ya no le perturbaba. Aunque todavía sentía una gran sensación de hormigueo en toda la pierna con un SUDS de cuatro (de cero a diez). Reprocesamos hasta que no sintió más dolor físico.

Hablamos de cómo la cliente incorporaría esta nueva identidad. Sería algo que sucedería gradualmente. La sesión duró unos 50 minutos y la terapeuta terminó la sesión con un ejercicio de relajación con la paciente. Por último, la terapeuta pidió a la cliente que fuera a su lugar seguro, que ya había sido instalado previamente.

Al día siguiente, le redujeron a la mitad la cantidad de medicación, y al tercer día después de la sesión ya no tomó más medicación para el dolor. La cliente pudo continuar su recuperación con un estado de ánimo mucho mejor porque ya no sentía dolor en el miembro fantasma y comenzó a tener un mayor aprovechamiento de las sesiones de fisioterapia. Estaba más motivada y centrada tras haber podido "despedirse de su pierna".

Glaci comenta: El "efecto dominó", es decir, la mejora general del paciente, después de la intervención en algo específico y traumático de su historia (en este caso, su amputación), nos toca profundamente. Algo real está sucediendo. Tenemos una gratificante sensación de ayudar a otros con su dolor. Y la certeza de haber contribuido no sólo en el alivio del dolor, sino también en la expectativa de reducir el dolor que está tan presente en muchos aspectos de la vida de todos nosotros. La posibilidad de "amputar" el dolor de la vida de las personas con terapia EMDR aporta nuevas perspectivas de tratamiento, tanto para dolor agudo como para dolor crónico. Esto nos anima a divulgar y nos motiva a seguir trabajando para mejorar la calidad de vida de las personas.

Cuatro meses más tarde, en un contacto de seguimiento, Manuela continuaba aún sin dolor en el miembro fantasma.

Miranda y la cirugía de rodilla

Miranda, de 57 años llegó a la sesión muy emocionada, hablando mucho, y me contó que hacia unas semanas se había realizado una operación de rodilla trastornó su vida por completo. A continuación sigue el relato de su primera sesión.

"Me operé la rodilla hace un mes. ¡Ah! Empiezo a hablar y ya empiezo a llorar. Me he quedado muy traumatizada por todo lo que ha sucedido a raíz de esta operación. Hace seis meses que estoy con problemas... tenía que hacerme una resonancia magnética y no podía entrar en el tubo... fue una locura hacer eso. Yo estaba retrasando el momento de realizar la prueba. Terminé realizándola con sedación, pero aún así tuve miedo. El ambiente era cerrado, el ascensor del edificio en el que tenía que subir para realizar la prueba también lo era.

"Hubo un tiempo en mi vida en el que estaba muy equilibrada, no tenía tanto miedo, ansiedad, palpitaciones. Fue una buena época. Viví mucho tiempo así. Pero no sé si fue por la lesión en la rodilla, que empecé a tener insomnio.

"Tuve varias intervenciones en la rodilla, tendón, menisco, y la rodilla quedó lesionada. No tuve ninguna caída, fue debido al exceso de peso. Fui a hacerme la prueba (la hice con sedación también), pero cuando llegué allí y fui a entrar... Hablé con el anestesista y le pedí que no cerrase la puerta. Le expliqué que no podía entrar en el tubo despierta. Me hice la prueba y me fui a casa. En aquel momento no tenía mucho miedo. Pude realizar la prueba y el resultado fue que debía operarme. Programé la operación, con mucha ansiedad. No tenía miedo de la cirugía en sí, sino más bien de la clínica de cirugía. ¿Quedarme ahí dentro...? Nuevamente le expliqué al anestesista que tengo fobia de estar en ambientes cerrados, acostada. Y en estos lugares no se puede ni siquiera levantar la cabeza. Recordando todo eso yo ya estaba ansiosa. Le pedí que la anestesia durara menos tiempo, de forma rápida, así podría ir más pronto a la habitación. Fueron 40 minutos de cirugía, y me fui directamente a la habitación pequeña. ¡No había ninguna ventana, ni una puerta! Yo estaba muy ansiosa. Cuando entré, había una persona delante de mí. Me llevaron a la sala de operaciones y cuando llegamos allí, ¡me llamaron por otro nombre! Doña Silvia. Les advertí que estaban operando a Regina. Llamé a la enfermera y le dije que no podía quedarme sola. Me sentía sola. El personal entraba y salía, y yo tenía miedo y estaba ansiosa. ¡Peor aún! Se confundieron de nombre. ¡Me pues tan nerviosa! Ya me habían operado otras veces, pero nunca me había sentido así. Tengo fobia de los sitios cerrados. Y nadie me calmaba.

"Finalmente, el anestesista llegó. Dormí. Me desperté, y la cirugía había terminado. Me pasé tres horas en la sala de recuperación mirando al techo. El personal roncando y el dispositivo conectado. No había nadie conmigo. Les dije que quería ir a la habitación. Fueron tres horas de pura angustia dentro de la sala. Yo rezaba, cantaba en voz alta…"

"He tenido otras cirugías, pero fueron suaves. Nunca me había sentido como me sentí esta vez. Cuando llegué a la habitación, estaba ansiosa. Me dolía mucho la pierna. El dolor era intenso. Quería saber cuál era la medicación que me estaban dando. Me dieron algo, apagaron la luz y me dijeron que me iba a dormir. Pedí que encendiesen la luz. Tenía miedo de estar sola. Se me ocurrió leer el prospecto del medicamento. Y no quise tomarlo más. El enfermero mandó parar la medicación para evitar mi ansiedad. Dejé de tomar las dos medicaciones por que leí el prospecto de ambas. Me empezó a faltar el aire. Me acerqué a la ventana a respirar. Y dije "no me estoy sintiendo bien". Desde ese día no logro estar sola. Tengo miedo de enfermarme y tener que ir al hospital.

"Fui al cardiólogo. Me dijo que estaba todo bien. Nada en el corazón, presión normal, latido del corazón normal. Yo sentía que estaba con el corazón acelerado. El me mandó una medicación a base de hierbas. La tomé y mejoré, estuve unos días con miedo, pero fue pasando. Estoy mucho más controlada. Cuando mi amiga estaba en casa todavía tenía ese miedo. Ahora hace ya un mes de la cirugía. Hace 15 días que estoy más tranquila; hasta duermo por la noche. Nunca había tenido miedo de estar sola. Ahora siempre tiene que haber alguien en casa conmigo.

"Mi temor es tan grande que incluso quise buscar otra terapeuta que no tuviera ascensor en su consulta, como aquí en la suya. Donde yo hago fisioterapia, ya puedo entrar en el ascensor y bajar sola, mientras mi marido aparca el coche. Fue un gran logro".

Después de la explicación habitual al cliente para que entienda lo que es la terapia EMDR, empezamos el reprocesamiento de la experiencia reciente en relación a los problemas de la cirugía. Comenzamos con la escena de la cirugía, donde la cliente comentaba que se había sentido agitada, con ansiedad y miedo. Miranda quería volver a ser valiente como lo era antes, para hacer frente a las circunstancias de su vida, pero no sabía cómo hacerlo. Sentía ansiedad y miedo, con un nivel de perturbación (SUDS) de 5 en una escala de cero a diez. "*Ya ha disminuido en gran medida la sensación, pero yo todavía tengo un gran deseo de llorar*". Ella me dijo que tenía esas sensaciones en el pecho y en la boca del estómago.

Le pedí que pasase por su imaginación la experiencia de la cirugía como si se tratara de un vídeo, ya que era una experiencia reciente, y por lo tanto, no había pasado tiempo suficiente para que se hubiese dado una consolidación en la memoria de una forma más concreta. Miranda dijo que el video comenzaba cuando ella entró en la sala de operaciones. Después de algunos movimientos iniciales para establecer la velocidad y dirección, hicimos una serie de movimientos bilaterales (MBs) muy largas (más de 200 movimientos oculares con la barra de luz – aparato específicamente desarrollado para producir movimientos bilaterales visuales). Cuando paramos, Miranda dijo:

"He conseguido pensar en todo aquello y en como estoy desde la cirugía... y ahora tengo la sensación de que todo aquello pasó. Fue un momento que yo viví y que ya pasó. Conseguí recordar, revivir las escenas, la angustia de estar acostada. Pensé: sucedió. Yo viví eso, pero ya pasó, está pasando. Fue un momento. Pero haciendo este ejercicio todavía tengo esa sensación en la barriga, en la boca del estómago". La terapeuta sigue con los movimientos bilaterales.

C: Aquello que me oprimía, ahora está más relajado.

T: Ahora, cuando usted piensa en esta experiencia difícil, en una escala de cero a diez, donde diez es la perturbación más alta que pueda imaginar y cero es ninguna perturbación, ¿cuál es su nivel de perturbación?

C: Ahora en este momento no me da miedo. No tengo miedo cuando lo recuerdo. Tengo la sensación de que sucedió, pasó, y que esta secuela está pasando también. No quiero tener miedo de estar sola. Quiero volver a ser esa persona valiente que siempre quise ser y muchas veces fui. Pasaron las ganas de llorar. Esto es una carencia mía, que intento llenar con las personas.

La terapeuta cerró la sesión, explicando que el procesamiento podría continuar después de la sesión y que se reunirían en una semana.

En la siguiente sesión, Miranda comenta:

"Estoy mucho mejor, en realidad estoy bien. Estoy caminando mejor con la rodilla. Todavía hay cosas que me dejan inquieta: el miedo al hospital, al médico, a la medicación. Cuando pienso que puedo volver al hospital, se me revuelve el estómago. Hasta he pedido cita con el especialista en gastro. Algo muy malo me molesta aquí (y apunta a su estómago). Este miedito... ahora lo digo así porque lo que antes tenía era mucho más. Nunca he tenido miedo de nada como para sentirme como me sentí. Todavía no me he liberado de este peso en mi vida. Fíjese, yo antes escuchaba con normalidad esas horribles noticias que salen en la televisión. Ahora no".

La terapeuta le pidió que pensase en la experiencia que fue tratada en la sesión anterior y le preguntó si algo había cambiado. Miranda respondió:

C: No está igual. Me molesta un poco. Es mucho más que cero, tal vez un 3-4, es lo que me molesta. Cuando pienso en lo sola que me sentí, y pensar que yo tenía que estar en esa posición ¡acostada...! Quedarme todo ese tiempo... sin nadie cerca de mí... en aquel lugar con todo cerrado. Todavía me acuerdo de ello". (La terapeuta retoma los movimientos bilaterales y hace una serie larga).

C: Ahora me pude acordar de las cosas que fueron difíciles con más calma, con serenidad, y no con esa desesperación. Ya no tengo esa sensación tan fuerte en la boca del estómago. Antes no lo podía soportar, todavía siento aquí (y apunta a su cuerpo).

T: Pon tu mano ahí, en el lugar donde sientes eso y mira a la barra de luz. (MBs)

C: Ahora siento alivio en el estómago. Está bien diferente. Quiero volver a encontrar mi equilibrio.

C: Me ocurrió algo interesante la semana pasada. Falleció una niña que para mí era como mi sobrina. Murió de leucemia. Su cuerpo había aceptado la médula ósea trasplantada, pero aún así murió. Pensé, ¿cómo haré para no estar angustiada? Pero, sin embargo, me quedé tranquila con la noticia. La teníamos mucho cariño, pero no me desesperé. Sentí un equilibrio muy bueno para la situación.

Pensé, ¿será que ahora al recibir la noticia de su muerte voy a tener miedo? Pero no, no tuve miedo, no tuve nada. Mi marido salió, me quedé sola dentro de casa. El salió por la mañana, yo me quedé sola. Salió por la tarde, y también me quedé sola. Esto era nuevo. No necesité ir a casa de mi hijo como estaba haciendo tras la cirugía. Conseguí quedarme en casa sin angustia. Me pareció muy, muy bueno. Me siento más fuerte en este sentido. Después de la cirugía me resultaba difícil hasta estar en mi habitación. Normalmente yo pasaba mucho tiempo en mi habitación, y de repente me dio esta cosa extraña en la habitación. Así que salí, me senté en el taburete. Todo me molestaba, esos pensamientos extraños. A mí me encanta mi casa. Pero llegó un momento en que no fue así. Ahora está pasando. A veces me da un poco de cosa, porque estoy pensando en eso, en lo que yo sentía, pero ya no lo siento.

T: Y ahora, ¿cómo está la perturbación?

C: Es mucho menor. No voy a decir que es cero. Me parece que es un 2. Todavía me perturba. Pero fíjese, ¡hoy subí sola en el ascensor de su edificio! Y he estado esperando sola en la sala de espera. Antes no podía hacer eso. Y no tuve ninguna mala sensación. Ahora sólo siento algo muy leve (MBs).

C: Me estoy calmando.

C: Estoy durmiendo mejor. Estoy comiendo normal. No podía comer. Estoy haciendo cosas con más facilidad. Ha sido muy buena esta mejora.

T: (Queriendo comprobar los disparadores) ¿Pensemos de nuevo en el hospital?

C: Me siento tranquila. Cuando volví para que me quitaran los puntos, no podía entrar en el hospital. Me volvía hacia la puerta. Ocho días después de la cirugía. Luego, cuando logré entrar, estaba en la sala de espera y no podía soportar estar allí. Ahora pienso en todo aquello, estoy bastante tranquila. De hecho, voy allí ahora. Cuando salga de su consulta voy para allá.

T: Entonces, imagine que está yendo al hospital y fíjese si puede hacerlo (MBs).

C: Estoy tranquila. Sabe, mi marido se va de viaje el viernes y estoy muy tranquila. Antes yo no hubiese conseguido quedarme sola.

La terapeuta cierra la sesión y fijaron su regreso.

En la siguiente sesión, cuando la terapeuta le preguntó a Miranda como estaba, ella respondió:

C: Estoy bien. Fui al médico, me senté y esperé. También he subido en el ascensor de su edificio. Estaba aquí sentada en su pequeña sala de espera. El miedo ha pasado.

C: Ayer, mi hija se enfermó y fui con ella al hospital. La repartición de los remedios es allá dentro. Imagínese, fui con ella, entré con ella, me quedé todo el tiempo y no me dio pánico. Pensé, ¿voy a ser capaz de quedarme con ella allí? ¿Tendré que pedirle a mi marido que se quede con ella? Pero no. Yo estuve con ella todo el tiempo. Caminé sola por allí. Y no tuve miedo. A veces me da por pensar, ¿será que me voy a sentir mal? Pero no siento miedo en nada de lo que hago... ¡Antes no podía ni llegar a la puerta del hospital!

C: Mi marido viajó el viernes, y yo me quedé sola. Por la mañana subí al coche (es automático y puedo conducir con la otra pierna). Me fui sola hasta el centro comercial, porque tenía que sacar dinero. Entré en el banco y salí, fui al supermercado, compré lo que necesitaba y volví a casa conduciendo bien. Conduje sola y me sentí bien. Después me fui a la hidroterapia sola. Antes, cuando llegaba a la hidroterapia, buscaba donde estaba mi marido, dependiente de su presencia. Pero hoy no. Hice la hidroterapia. A veces pienso, ¿será que cuando llegue y me quede sola voy a tener alguna dificultad?

C: Un día antes de viajar, mi marido me dijo, "toma un taxi cuando salgas de la sesión". Yo había leído una historia acerca de un secuestro, y me asusté. ¿Y si el conductor del taxi no lo es en verdad? Pero fui valiente y volví en taxi. No tuve miedo en el coche, ni estaba aterrorizada preguntándome si el conductor era de verdad o no. Conseguí hacer todo eso sin tener miedo. Estuve sola en casa hasta las siete de la tarde, hasta que llegó mi hijo. No tuve miedo. En resumen, solo cosas buenas. Quiero volver a mi equilibrio habitual.

C: Me doy cuenta de que me falta algo por conseguir. A veces me siento insegura, pero no sé decirle porque es. La inseguridad me golpea, luego yo consigo trabajarla y vencerla, pero me da el toque de inseguridad.

C: Tengo dentro de mí algo de pánico. He oído hablar de personas que tienen crisis de locura. Nunca he visto a alguien en un momento así. Y pensé ¿será eso lo que me está sucediendo a mi? No tengo idea de cómo son este tipo de crisis. De vez en cuando me acuerdo del momento en que pensaba en esto, y me deja con más miedo del que ya tenía. Pero hoy no pienso eso. Creo que la única cosa que todavía tengo es el miedo de quedarme loca, de estar loca.

La terapeuta estructuró una vez más un nuevo protocolo en base a esta inseguridad que Miranda todavía sentía.

C: Creo que puedo enloquecer, no estoy equilibrada. ME tocaría tomar esas horribles pastillas, y tengo mucho rechazo a los medicamentos. Me da pánico cuando pienso en ello.

T: Y cuando usted piensa en esa inseguridad, en estas palabras negativas y siente esta emoción de pánico, ¿cuánto le perturba?

C: Ocho.

T: ¿Y dónde lo siente en su cuerpo?

C: En la boca del estómago.

La terapeuta le pide a Miranda que piense en todo eso y mire a la barra de luz. (MBs)

C: Traté de pensar en ello, y ya no me perturba. Pensé en cómo esto podría suceder, como podía ser, y no me vino la angustia.

T: Y ahora, ¿cuando usted piensa en esta difícil experiencia y en las palabras positivas, "Yo estoy equilibrada", ¿cuán verdadero siente que son esas palabras en una escala de uno a siete, donde uno es completamente falso y siete completamente verdadero?

C: Siete.

La terapeuta hace algunos movimientos oculares más para fortalecer la buena sensación, y la cliente niega tener alguna perturbación en el cuerpo.

C: Es muy bueno pensar así.

C: Doctora, yo voy a esperar sanar mi rodilla para ver si todas las respuestas que aquí pensé sucedan. Me da mucha pena, no poder hacer las cosas que me gustan. Esto me deja un poco mal. Voy a tener que estar un tiempo sin hacer lo que me gusta por mi rodilla. Me tengo que aguantar por cuenta de la rodilla hasta que se recupere. Voy esperar todo esto a ver cómo me quedo. Entonces, si necesito venir aquí nuevamente la vuelvo a llamar.

Y así fue como Miranda cerró su terapia.

Remedios y antídotos

Descubriendo el remedio

La cliente, Raquel, llegó a la sesión comentando que estaba asustada. Acababa de salir de la consulta del médico hacia pocas horas y este le había insistido una vez más en que se debería operar de una neoplastia benigna en el intestino que le habían detectado hacia algún tiempo. Por la ubicación, era una cirugía delicada, que necesitaba ciertos cuidados, y ella estaba postergando demasiado la decisión de operarse o no. Se resistía mucho a la idea de la cirugía.

"Salí asustada de la consulta y me quedé pensando, mi cuerpo creó eso. Salí perdida, y me hizo asumir lo que tengo".

Fuimos estructurado la sesión de EMDR, y le pedí que hiciera un dibujo de como ella percibía ese tumor en su cuerpo.

Dibujo #1

Al mirar el dibujo, ella dijo: *"Yo estoy "agusanada". Quisiera poder pensar que estoy sana (VoC = 2), pero siento miedo, tristeza, en el pecho y en la garganta".*

Comenzamos el reprocesamiento:

Cliente (C): Tengo una escéptica dentro de mí que no me deja creer que me puedo curar. (MBs). Merezco pasar por ello. (MBs) Creo que esto está conectado con mi madre, mi abuela, pero es medio difuso. (MBs) Cuando nací, mi abuela paterna no tenía nietas, sólo nietos varones. Ella no aceptó el matrimonio de mis padres, no le gustaba mi madre, y sólo la llegó a aceptar después de mi nacimiento. Yo pasaba temporadas en casa de mi abuela y de mi tía. A mi madre no le gustaba que yo fuera, pero no podía decir mucho. Ya he trabajado esto en sesiones anteriores. Tenía una gastritis que estaba conectada con la primera separación de mi madre que yo viví. Mi abuela hablaba mal de mi madre, y yo a veces también hablé mal de ella. Mi abuela era muy rígida.

T: ¿Cuál es el castigo que se le da a una niña que habla mal de su madre?

C: Me vino una escena. Yo estaba enojada con mi madre. Ella me dijo que no podía tratar mal a mi padre y a mi madre y eso no me gustó. (MBs) Yo estaba muy enojada con mi niña de 6 años. Ella no era como tenía que ser. Yo tenía que hacer todo, obedecer, ir bien en la escuela y ella no; ella no hacía nada de eso. (MBs) Ella me quiere castigar (la niña de 6 años de edad), pero yo no le dejo existir como ella quiere. Es lo contrario de lo que ella quiere ser (MBs).

T: ¿Por qué ella tenía que ser castigada?

C: Porque tiene que encajar y ella no quiere. Ella no quiere adaptarse, encajar…

T: ¿Por qué no quiere?

C: Ella quiere ser libre.

T: ¿Qué le impide ser libre? (MBs)

C: Le dijeron que tiene que encajar, pensar primero en los demás.

T: ¿Y esto ha funcionado?

C: No.

T: Entonces, ve allí, cuida de esta niña y sácala de ese lugar que no es su lugar. (MBs).

C: La tomé en brazos, y las dos están llorando (MBs). Ella dijo que no quería perjudicarme, pero que tiene miedo. Le dije que iba a cuidar de ella.

T: ¿Ella tiene miedo de ser castigada porque ella quiere ser libre?

C: Tiene miedo de no ser ella misma. Estoy enojada conmigo porque no le dejo ser. (MBs) Tengo miedo de ella. ¿Qué puede pasar si yo fuera como ella?

T: ¿Qué puede pasar?

C: Las personas ya no me van a querer. (MBs) Estoy cansada de ser así.

T: Está pagando un precio alto por ser así, ¿verdad?

C: Es que tengo que encajar, hacer que la gente se sienta bien.

T: ¿Hasta cuándo?

C: No quiero más. (MBs) Puedo aprender con ella, con esa niña de 6 años. (MBs) Es que yo soy la niña de seis años, tengo miedo. Ella no tiene miedo. Está enojada y yo no puedo estar enojada.

T: ¿Por qué no?

C: Porque me siento culpable. (MBs) Ella dijo que quiere que ellos se vayan al infierno. (MBs) He pasado 50 años complaciendo a todo el mundo. Ahora es el momento de complacerme a mí. (MBs). No tengo por qué tener miedo.

T: Agradar a la abuela o a la madre – no se puede. ¿Será que usted logra vivir con su edad actual? (MBs)

C: Quiero dejar de sentirme culpable. Hago las cosas de una manera y me siento culpable. Las hago de otra y también, no tengo alternativa. No es posible complacer a todo el mundo. (MBs) Si me pudiera complacer a mi misma sería estupendo. (MBs) Quiero recuperar el poder sobre mí, sobre mi cuerpo.

T: Yo merezco pasar por esto. Eso es lo que dijiste. ¿Lo mereces?

C: No.

T: ¿Entonces qué tienes a decirle a esta Escéptica que usted comentó que tenía al iniciar la sesión?

C: Todavía me asusta. Ella es más fuerte que yo.

T: Pensando en la niña de 6 años, ¿qué le gustaría decirle?

C: Que puede ser ella misma. (MBs) No necesita complacer a los demás. Lo importante es que ella se sienta bien.

T: Usted como adulta, ¿puede desagradar a los demás para complacerse a sí misma?

C: Todavía tengo este miedo – el de perder el amor de las personas que son importantes para mí. (MBs) (Cambia la postura) ¡El verdadero amor es incondicional! Si lo pierdo es porque no es real.

T: ¿Entonces, puede correr el riesgo?

C: No tengo que ser perfecta, porque nadie lo es. Me puedo aceptar como soy, como acepto a los demás como son, o no. Si es que quiero. (MBs)

T: Entonces, ¿usted quiere elegir el castigo, para esa niña, o quiere que ella corra el riesgo de perder el amor condicional de las personas? ¿Qué es lo que quiere?

C: Yo quiero ser libre. (MBs)

T: ¿Entonces vamos a quitarle el castigo a esa niña? ¿Cómo se hace?

C: La agarro y la llevo a otro lugar. (MBs) Me vino algo ahora - lo hago, pero no lo entiendo. Estoy haciendo las cosas que quiero en la práctica. Es diferente de mi sensación. ¡Soy más libre de lo que creo! (MBs) Surgió otra parte de mí, la adulta joven. Momento difícil, tengo miedo. A veces ella tomaba la delantera. Tomó decisiones equivocadas. Y pagó por eso.

T: Ya pagó, no es necesario que continúe pagando.

C: Sí, y pagó caro por eso. (MBs) Le dije a ella que estaba todo bien. No tiene por qué tener miedo.

T: Se están poniendo de acuerdo la niña y la adulta.

C: (MBs) Mi cuerpo no necesita pasar por esto.

T: Entonces dígale eso a su cuerpo... que no merece pasar por ello.

C: Yo mando aquí. Yo.

T: ¿Y qué va a hacer con su Escéptica?

C: Decirle que se calle y que no se entrometa. (MBs) La Escéptica todavía me da miedo.

T: Cuando tenemos seis años, los adultos son más fuertes que nosotros. (MBs)

C: Hace mucho tiempo que no tengo 6 años, y puedo hacer frente a esta Escéptica... ¡puedo mandarla callar! (MBs) Puedo elegir.

T: ¿A quién va a alimentar? Todo lo que alimentamos crece. Lo que no alimentamos muere. ¿Usted va a alimentar a la Escéptica? ¿A la adulta? ¿A la Niña? (MBs)

C: ¡Abrí la puerta y saqué a la Escéptica con una patada en su trasera! (MBs)

T: Y ahora, en una escala de cero a diez, ¿cuánta perturbación siente cuando piensa en el dibujo y en la experiencia inicial?

C: Dos. Todavía tengo un poco de miedo, un poquito. (MBs) Me acordé de cuando era pequeña... me acordé de He-Man diciendo: "¡Yo tengo la Fuerza!". (MBs) Voy a llegar a donde yo quiero. (MBs) SUDS = 1. Tengo que probarme un poco.

T: Aún tienes esa cosa en el intestino, ¿verdad? ¿Por esto no puedes llegar a cero...?

C: Sí, está ahí...

T: ¿Vamos a hacer otro dibujo? ¿Cómo le gustaría estar?

Dibujo #2

C: [la cliente hace un nuevo dibujo] Soy libre, sana y feliz.

T: Y cuando usted piensa en este dibujo y en las palabras positivas, "yo soy libre, sana y feliz", ¿cuán verdadero siente estas palabras ahora?

C: Seis. (MBs) Estoy en el camino. Faltaría... que desapareciera esa cosa o convencerme de que se quedará tranquila y estable.

T: ¿Qué haría usted para resolver eso, ahora usted tiene la Fuerza y ya no se tiene que castigar? Antes el remedio no funcionaba. Por eso estaba la Escéptica, porque tenía la creencia de que tenía que pasar por esto, que usted merecía esto. Ahora usted desechó eso... entonces, ¿Cuál es su solución ahora?

C: Mi sistema inmunológico... es como un banco de pirañas que van allí, comen y eliminan. (MBs)

T: ¿Vamos a fortalecer esta imagen? (MBs)

C: Sentí que la orden fue dada.

T: Y este médico interno a quien usted respeta tanto... ¿cuántas veces al día diría que tendría que tomar el remedio?

C: Tres veces al día durante seis meses. Por la mañana, después de la comida y por la noche.

T: ¿Y qué es lo que usted piensa sobre si misma cuando piensa en esto?

C: "Yo me curo". Tengo la imagen de estar tomando el remedio. (MBs)

T: Y ahora, en una escala de uno a siete, donde siete es completamente verdadero y uno es completamente falso, ¿cuán verdaderas siente ahora las palabras, "yo me curo"?

C: Siete. (MBs) [Fortalece mirando el Dibujo Número 2]. Me vino otra frase ahora: yo me puedo curar. Puedo hacer este tratamiento. (MBs) Y si necesito ayuda, voy a pedirla.

T: Y ahora, si cierra sus ojos y realiza un escaneo de su cuerpo mientras piensa en las palabras, "yo puedo curarme", ¿nota alguna perturbación o tensión en su cuerpo?

C: Tengo una tensión en la espalda y en las piernas.

[La terapeuta cambia al movimiento táctil (MBs), ya que los ojos del cliente están cerrados].

C: Desapareció la tensión de la pierna, solo tengo un poco en la espalda. (MBs) Aliviado. Estoy bien. ¡Hasta la próxima sesión!

T: Usted tiene tres tipos de recursos: interno, externo y espirituales. Recuerde que debe utilizarlos.

C: El doctor me dio un tratamiento y me dijo que volviera después de seis meses para hacer una nueva evaluación. Es curioso, porque yo había tratado de hacer una visualización antes y no pude, no funcionó. Ahora parece que limpio el campo.

Al día siguiente, cuando la cliente llegó a una breve reevaluación, comentó:

C: Anoche no pude dormir bien. La niña estaba liberada. Estaba muy aliviada. Me acordé de tomar mi remedio ayer y hoy. Me sentí segura. Encontré el camino. Ahora es ser perseverante.

T: Cuando mira este dibujo (Número 2) ¿cuánta perturbación siente usted ahora?

C: Dos, porque todavía tengo esta cosa, pero está pasando. Ahora me siento apoyada, en general. Yo me estoy apoyando. Puedo ver las alternativas y hacer algo. Antes, alguien tenía que hacerlo por mí. Ahora YO decido quién hace qué. Ahora puedo con nuevas actitudes y maneras de hacer frente. Yo he creado esta cosa y puedo "descrearla". Cuando dijiste eso de este remedio, algo se activó aquí dentro.

T: ¿Su médico interno?

C: Antes yo pensaba que no podía hacer nada sola. Eso cambió. Ahora yo pienso que me puedo sanar.

T: Y en una escala de uno a siete, donde siete es verdadero y uno es falso, ¿cuán verdaderas siente estas palabras ahora?

C: Siete. Yo puedo ser libre, sana y feliz.

Algunas semanas después de esa (única) sesión de terapia EMDR, Raquel me escribió:

"Necesito contarle algunas cosas. El procesamiento ha continuado después de la sesión. El martes siguiente me desperté con el siguiente pensamiento: Voy a ver exactamente lo que me está pasando. Si ha habido alguna alteración en el tumor, me voy a operar. Le digo esto porque yo estaba mirando los exámenes así medio de lado, con un ojo medio abierto y el otro cerrado, ¿sabe?"

"Al mismo tiempo le pedí a mi marido (que también estaba en contra de la operación, por puro pánico) que se informara sobre lo que tengo. Él es un médico y como tal lidia muy mal con las enfermedades en la familia. Por la noche hablamos y me dijo que había estado leyendo y que llegó a la conclusión de que sería mejor que me realizase la operación. No consideró necesario hablar con otros colegas".

"Fue un alivio para mí, y le dije que estaba decidida a operarme y a solucionar esto pronto. Fijé una consulta con un cirujano el viernes pasado. Y después de eso se hizo más fuerte en mí la idea de que era necesario resolver pronto este problema".

"Mientras tanto, me puse a leer *Amor, Medicina Milagrosa*[28] (maravilloso) y ahí confirmé que la cirugía es uno de los caminos de la sanación. Está dentro de mi alcance. ¿Por qué no usarla?

"Estaba preparada para ir a la consulta del cirujano, cuando unas horas antes recibí una llamada cancelándolo todo, debido a una complicación en una cirugía. La retrasé para unos días más tarde, pero el domingo pasado recibí una llamada de una amiga que trabaja en un hospital de renombre, preguntándome si me gustaría tener una consulta con alguien allí. Ella me presentó a una doctora especialista, ¡considerada de las mejores del país! Entonces surgió la posibilidad de que me operara con ella. Fijé una cita para la próxima semana, y ya he fijado las pruebas preoperatorias para el final de esta semana. También fui al cardiólogo hoy".

"Continuo tomando mi remedio: mis visualizaciones de las pirañas, tres veces al día. Ahora soy capaz de hacerlas. Estoy retomando las meditaciones también".

"Todo está saliendo muy bien y estoy decidida y animada a operarme pronto, a recuperarme rápidamente y reanudar mi carrera, ¡que me encanta!

"Y quiero aprovechar para darle las gracias por el gran apoyo que me dio, ayudándome a funcionar a través de todo ese engranaje".

"P.D. Mi niña quiere decirle que, "Ella no va a decir nada a los otros niños. ¡Sólo les va a sacar la lengua y a hacerles algunas muecas!"

Unas semanas después, recibí otro correo electrónico de Raquel. Se acabó operando con el médico del seguro y todo salió

---

[28] **Amor, Medicina Milagrosa,** Siegel, Bernard. Espasa

bien. Estuvo varios días hospitalizada, como es normal en este tipo de cirugía, y se puso muy contenta cuando le dieron el alta. Comprendió que era realmente apropiado realizarse la cirugía:

"¡Ya estoy en casa, sana y salva! No tengo motivos para quejarme y si para agradecimientos. Es más, después de recibir los resultados del análisis, ayer mismo: el centro del tumor ya estaba produciendo células malignas. ¡Pero la parte extirpada tenia los márgenes de seguridad totalmente libres y los ganglios extirpados todos libres! En resumen, ¡estoy curada!

"Nada es casual, ¿no, Esly? Estoy aquí revisando toda la historia desde el principio y dándome cuenta de lo importante que fue el camino que hice desde que descubrí este tumor, ya que esta enfermedad trajo cambios positivos en mi vida y me llevó por caminos que yo nunca podría haber pisado espontáneamente. Fue un cambio de rumbo en mi vida, un rescate de unos valores que estaban medio adormecidos, un movimiento de comprensión y profundidad que necesitaba. Tuvo un papel importante, pero ya lo cumplió y ahora, como dice nuestro amigo Gilberto Gil, ¡fuera de aquí!

"Buscando respuestas encontré nuevos desafíos, respuestas y descubrimientos. Uno de ellos fue la terapia EMDR, que me dio una base sólida para comprender las causas de mi enfermedad, su significado, las herramientas para hacerle frente y volver a conectar conmigo misma, con las maravillosas personas que están presentes en mi vida, y conocer nuevas personas muy especiales".

"Sólo puedo agradecer, agradecer y agradecer y recordar que voy a estar aquí si usted lo necesita, no sólo para los momentos difíciles, también para celebrar (y mucho) la vida.

"Quería agradecerte también, y mucho, la indicación del libro *Amor, Medicina y Milagros*. Él fue una pieza fundamental en mi proceso de sanación, así como la sesión de terapia EMDR. Fue después de eso cuando yo realmente quise curarme y fui detrás de los medios. ¡Y los encontré!".

Epílogo

Unos meses después de comenzar a escribir este libro me diagnosticaron un cáncer de tiroides. Este es el motivo por el que este libro ha tardado tanto tiempo en salir.

Cambió mi vida.

Cuando yo tenía 15 años, me encontraron un nódulo en la tiroides y me pusieron en observación. Yo había ido al médico, inocentemente, para perforarme las orejas y poder usar aretes, un regalo de mis padres cuando cumplí quince años. (¡Fue un logro que mi padre dejara a sus hijas hacer eso! Y mi padre solo nos dejaba si era con un médico...) Todavía vivía en Estados Unidos. Seis meses más tarde, sentí que el nódulo había crecido, avisé a mis padres, y rehíce las pruebas. En ese momento no existían biopsias de aguja ni ecografías de ningún tipo. La única manera de saber si el nódulo era maligno o no era operar.

Esta vez, fui al cirujano con mi padre, donde por primera vez el doctor pronunció la temida palabra "tumor". Recuerdo claramente la sensación helada en mi espalda cuando lo escuché, y pensé: "¡Vaya, solo tengo 15 años y voy a morir!". En aquel momento, el diagnóstico de cáncer era una sentencia de muerte. Y "tumor" era cáncer.

Afortunadamente, este nódulo era benigno. Me quitaron parte de la tiroides y me dieron un medicamento para la tiroides como complemento a la disminución de la producción misma. En aquel momento el protocolo era este.

Años después, el "suvenir" volvió maligno. No podía creer que mi cuerpo me hubiera traicionado así. Estas cosas le suceden a los demás, a mis compañeros de trabajo, amigos, familia, a mis pacientes, ¡pero no a mí!

Las semanas que siguieron fueron una nevero de exámenes, citas médicas, decisiones... hasta que empecé a afrontar la realidad de una nueva operación. (¡Nadie merece realizarse una operación de tiroides *dos* veces!). No pude soportarlo más. Llamé a un colega en quien confío y le pedí unas sesiones de terapia EMDR. Fue entonces cuando me di cuenta de que todos los fantasmas de mi infancia, de mi primera cirugía, vinieron a visitarme. ¡Era toda una *Pandilla* de Fantasmas!

Yo no sabía que había tenido tanto dolor físico, pero él resurgió con más fuerza durante la primera sesión. Yo no recordaba que la inminente y constante amenaza de separación de mis padres hubiese tenido un peso tan grande. No imaginaba que el silencio en torno a lo que podría significar un resultado positivo en la mesa de operaciones me estuviera afectando todavía hoy. Fueron dos horas de pura agonía y alivio. En la sesión siguiente trabajamos como yo, ahora una adulta, enfrentaría una nueva cirugía. Yo sabía que podía elegir vivir esa experiencia de una nueva forma, más saludable y con menos dolor, físico y emocional. Y así fue.

Sospecho que hoy vivo esto como que se hubiera sido a penas una cirugía, como la primera vez. Sé que hice la iodoterapia y voy a hacer exámenes de seguimiento para el resto de mi vida, como ya lo hacía. Voy a tomar medicación de reposición, como lo hacía antes, pero ahora si no me la tomo bien en unos días tengo un hipotiroidismo grave. El médico dice que sólo no me considera curada porque no han pasado los tales cinco años... pero hay momentos en que me acuerdo de que tuve un diagnóstico de cáncer.

Muchas cosas comenzaron a cambiar en mi vida. Son cambios lentos, pero asentados. Quiero pasar más tiempo en casa con mi hija, mis nietos. (Mi yerno también es buena gente). Pedí que me pusieran en casa una tina para que mi nieta disfrute del baño en la casa de su Grammie. También insisto en bañar a mi nieto recién nacido (¡en el fregadero de la cocina, por ahora, jajá!). ¡Ay de aquellos que están sin pasar por casa durante más de dos o tres días!

Con mi esposo, estamos planeando un viaje especial para celebrar las bodas de plata. Quiero hacer este viaje. Pero hay otros viajes que pasé a mis colegas. Quiero escribir. ¡Quiero escribir mucho! Mucho más de lo que he escrito. Tengo prisa, muchas ganas de escribir lo que sé. Prisa, pero no presión.

Estoy cambiando de papel: de "hace-todo" a supervisora, mentora, multiplicadora. Siento que soy un útero; embarazada con muchos proyectos, segura de que Dios me va a dar vida y salud para llevar todo esto a buen término.

En los estudios para preparar este libro encontré la escala ACE, *Adverse Childhood Experiences* (Experiencias Infantiles Adversas). Hice el test y lo corregí. De repente, muchas cosas tenían sentido. Entendí lo que me había pasado. Empecé a entender lo que me estaba pasando. Me di cuenta de que no era sólo el hecho de que mi infancia fuera complicada. También había dejado más secuela de lo que imaginaba. Había una gran parte de mi infancia y adolescencia que no había sido capaz de metabolizar, ni con tanta psicoterapia. (En mi tiempo no había terapia EMDR, sniff...).

Al fin al cabo, tratando de explicar a los demás el origen traumático de las enfermedades en la vida adulta, acabé descubriendo... respuestas para mí. Agradezco a Dios, porque la terapia EMDR trató mi dolor, y me abrió las puertas a nuevas posibilidades. Este libro es el resultado de ello.

Sobre la autora

Durante más de 20 años **Esly Regina Carvalho, Ph.D.**, doctora y maestra en psicología, se ha dedicado al área de la salud emocional: como psicóloga en la práctica clínica; como facilitadora, ofreciendo formación en distintas modalidades terapéuticas como EMDR, Brainspotting y Psicodrama; como autora, compartiendo y socializando su experiencia con los demás; y a través de presentaciones públicas, conferencias y estudios que ayudan a las personas a hacer frente a los desafíos de la vida, tanto en Brasil como en otros países de América Latina, Estados Unidos, Portugal y España.

Psicóloga y psicoterapeuta brasileña, Esly tuvo su primer contacto con la terapia EMDR en los Estados Unidos en 1995. Realizó su formación básica de este abordaje de psicoterapia en Denver, EE.UU., mientras vivía en este país en 1996 y 1997, este último con la propia Dra. Francine Shapiro. Cuando regresó a vivir en el Ecuador, llevó consigo la propuesta de formación, ya certificada como Facilitadora (2001) por el EMDR Institute de Estados Unidos, fundado por la Dra. Shapiro, quien descubrió y desarrolló este nuevo abordaje psicoterapéutico para procesar los traumas.

El Instituto EMDR le otorgó el reconocimiento como Trainer of Trainers (Entrenadora de Entrenadores) en 2006. Fue elegida presidenta de EMDR Ibero-América (EMDR IBA), los trienios 2007-2010 y 2010-2013. Forma parte del equipo de EMDR Ibero-Americano, que forma clínicos en América Latina en español y portugués. Esly maneja con fluidez el inglés, portugués y español.

También fue certificada como *Trainer, Educator, Practitioner (TEP) of Psychodrama* por el *American Board of Examiners in Psychodrama, Sociometry and Group Psychotherapy*; aprobando los exámenes *con distinción* para la certificación norteamericana.

Esly se dedica a crear una generación de profesionales que se comprometan a ayudar a las personas a superar los desafíos de la vida y a aliviar el dolor de aquellos que sufren.

Después de residir muchos años en Estados Unidos, Ecuador y Bolivia, Esly reside actualmente en Brasilia, Brasil, donde dirige el **TraumaClinic** (www.traumaclinic.com.br), una clínica especializada en la atención de personas con trauma, ansiedad y depresión. También es presidenta de TraumaClinic Edições que publica libros sobre trauma, disociación y terapias de reprocesamiento. Esly está casada y disfruta de la vida de abuela.

Más libros de Esly Regina Carvalho disponibles en Amazon.com.

Reciba nuestras noticias:
https://app.e2ma.net/app2/audience/signup/1778688/1732906/?v=a

www.ingramcontent.com/pod-product-compliance
Lightning Source LLC
Chambersburg PA
CBHW021152090426
42740CB00008B/1054